JN032976

10分でおいしく作る！

朝ラク弁当

新谷友里江

池田書店

新生活とともにお子さんのお弁当作りがスタートする方も多いと思います。ただでさえ、バタバタと忙しい朝に、お弁当を作るのはとても大変ですよね。しかも、成長期の栄養バランスや彩りなど、気になることもたくさん！ イチから作るとなると時間がいくらあっても足りません。この本は、そんな忙しい朝でも、たった10分でお弁当が作れるコツがたくさん詰まった一冊です。時間のある週末に下準備ができるのであれば、下味冷凍やミールキットを作っておく。毎日の夕飯後に時間がとれる場合は、冷蔵作りおきを仕込んでおく。冷蔵庫になんにもお弁当の準備をしていない場合は、時短

朝10分で大満足のお弁当を作るコツ、教えます！

レシピから当日の朝に作る。など、自分のライフスタイルや、そのときの状況に応じ、組み合わせて作ってみてください。また、食べ盛りの中高生のお子さんが大満足してくれるような味つけ、ボリューム感にもこだわりました。それぞれのレシピの味つけをひと目でわかるようにしているので、お子さんの喜ぶ味のおかずを選べるのも便利かと思います。毎日のお弁当を作り続けるコツは「がんばらないこと」だと思います。寝坊してしまった朝は、ごはんにおかずをドーンとのっけた一品弁当だっていいんです。ゆで野菜や漬け物を添えれば、もうそれは愛情たっぷりのお弁当。ぜひページをめくって作れそうだな〜というレシピから、少しずつ試してみてください。皆さんのお弁当生活のお役に立てるとうれしいです。

新谷友里江

CONTENTS

part 1　朝が断然ラク！ 時短＆作りおきのたんぱく質のおかず

part 2 　和える・漬けるだけで簡単！ 副菜バリエ

和えるだけ！ 万能ダレ＆和え衣

column

part 3　これで満腹！ ごはん、パン、めんレシピ

ごはん弁当

パン弁当

めん弁当

スープジャー弁当

column

朝10分で
作れる！

食べ盛りのお子さんが大満足できて
お弁当作りがラクになる工夫が満載！

本書では、中高生の親御さんに向けて毎日のお弁当作りの悩みを解決すべく、朝10分でお弁当おかずを作ることをコンセプトに、時短レシピを厳選して紹介しています。親御さんがラクできること、食べ盛り

のお子さんが大満足できることを一番に考えました。巻頭には生活スタイルに合わせたお弁当例と基本のルール、成長期の栄養のことなどを載せています。中高生のお弁当のバイブルとしても必見です。

7パターンの基本のお弁当例で
生活スタイルに合わせたお弁当が作れる！

**お弁当例は
7パターン！**
時短おかずや作りおきの定番弁当、のっけ弁、部活弁当、塾弁、カロリー控えめ、超手抜きの7パターン。

朝10分でできる！ 基本のお弁当例⑤

ポトフとおにぎり弁当

塾弁

受験に向けて塾通いするお子さんにどんなお弁当を持たせたらいいの？と悩む親御さんも多いはず。眠くならず、胃に負担をかけずに満足感のあるお弁当がおすすめです。

基本のルール3

1 眠気を誘わないように、軽めが基本
塾の前に食べるお弁当は、脳のエネルギー源になる炭水化物をメインに考えるのが○。とはいえ、食べ過ぎは眠気を誘うので、主食をメインにして軽めのお弁当が基本。栄養が摂れるように、具を混ぜたおにぎりがベストです。

2 汁物を加えることで満足感がアップ！
スープジャーがあれば、あたたかい汁物を持たせることができます。具だくさんの野菜たっぷりスープは、ビタミン補給とともに、勉強疲れやストレスを和らげてくれる効果も。おにぎりと具だくさんスープを組み合わせれば栄養満点。

3 さらに副菜を加えてビタミン補給を
毎日の勉強や緊張で疲れているお子さんには、体の調子を整えるビタミン、ミネラル、食物繊維が豊富な副菜を一緒に持たせましょう！ただし、副菜は1品でOK。そのほかにゆでた野菜やミニトマトを詰めてビタミン補給を。

スープジャーがあれば
スープもアツアツ！

副菜
緑→いんげんのチーズサラダ→P142
■これもおすすめ！
きゅうりとツナの指塩和え→P137
ブロッコリーとかにかまの煮浸し→P138
小松菜とベーコンのオイル蒸し→P140
アスパラとちくわのオイスター炒め→P143

汁物
ポトフ→P183
■これもおすすめ！
ミネストローネ→P182
鶏肉とブロッコリー、パプリカのカレースープ→P182
豚汁→P184
豚肉とキャベツのしらたき担々スープ→P184

主食
たらことコーンのおにぎり→P169
■これもおすすめ！
おかかチーズのおにぎり→P169
鮭と炒り卵のおにぎらず→P169
わさびツナマヨサンド→P171
和風サンド→P171

すき間埋め
ミニトマト
ゆでブロッコリー

朝10分

Time schedule

0分〜	3分〜	4分〜	5分〜	7分〜	9分〜	完成！
お湯を沸かす。食材を切る。スープジャーをあたためる。	たらこをグリルで焼く。	いんげん、ブロッコリーをゆでる。	ポトフを作る。	おにぎりを作る。	いんげんとチーズを味つけする。	

18

19

**覚えておきたい
基本のルール**
お弁当例はあくまでも一例です。本書のレシピを最大限に活用するために、覚えておきたい基本のルールを解説。

**朝10分で作るための
タイムスケジュール**
おかずを並行して作る際の段取りをおさえましょう。

**それ以外におすすめの
おかずを紹介**
お弁当例で紹介しているおかず以外でもおすすめの主菜、副菜、すき間埋め、ごはんのおともなどを紹介。

［ フライパンひとつで ］

甘酸っぱいタレがよくからむ！
鶏肉のねぎ甘酢和え

甘酢味	⏱10分	259kcal

濃厚で子どもが喜ぶ味つけ！
鶏肉とアスパラの バーベキュー炒め

トマトケチャップ味	⏱10分	289kcal

鶏もも肉

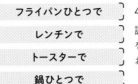

part 1 朝が断然ラク！ 時短&作りおきのたんぱく質のおかず

［ フライパンひとつで ］
［ レンチンで ］
［ トースターで ］
［ 鍋ひとつで ］

4パターンの時短おかず
調理器具ひとつでできる時短おかず を食材ごとに紹介。その日の気分や おかずの組み合わせで選びましょう。

味つけがひと目でわかる！

調理時間とカロリーを表示。カロリー数は1人分です。

食材ごとに紹介！

レシピのアレンジを紹介！

［ 冷蔵作りおき ］

トマトとパプリカの彩りがきれい！
チキンラタトゥイユ

トマト味	194kcal	冷蔵4日

じゃがいもがホクホクでおいしい！
チキンとじゃがいもの ハーブソテー

塩味	199kcal	冷蔵4日

［ 冷凍ミールキット ］

揉み込むことで鶏肉に味がしみ込む！
鶏肉とねぎの照り焼き

甘辛味	229kcal	冷凍3週間

凍ったまま調理

レンジ加熱

⏱5分	229kcal

アレンジ

［ 下味冷凍 ］

にんにくしょうゆ味でやみつき！
鶏肉のにんにくしょうゆ漬け

しょうゆ味	200kcal	冷凍3週間

冷蔵解凍

から揚げ

揚げる	⏱5分	254kcal

鶏肉とズッキーニの にんにくしょうゆ焼き

焼く	⏱7分	242kcal

まとめて作っておける
［ 冷蔵作りおき ］
食材ごとに冷蔵作りおきおかずを紹 介。これが一品あるだけで、お弁当だ けでなく毎日のおかずにも大助かり です。

そのままレンチンで一品！
［ 冷凍ミールキット ］
たんぱく質＋野菜を組み合わせ、調味 料を加えて冷凍しておく冷凍ミールキ ット。4回分が一気に作れます。

調味料を揉み込んで冷凍！
［ 下味冷凍 ］
肉や魚介に下味を揉み込んで冷凍し ておく下味冷凍。前日に冷蔵庫に移し て解凍しておくと味つけいらずでラク。

---

part 2 和える・漬けるだけで簡単！ 副菜バリエ

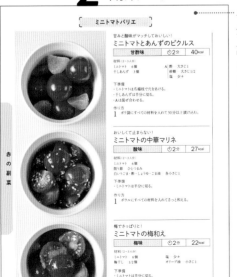

［ ミニトマトバリエ ］

甘みと酸味がマッチしておいしい！
ミニトマトとあんずのピクルス

甘酢味	⏱2分	40kcal

おいしくて止まらない！
ミニトマトの中華マリネ

酸味	⏱2分	27kcal

梅ですっぱりと！
ミニトマトの梅和え

梅味	⏱2分	22kcal

赤の副菜

パッと華やぐ 赤・黄・緑の副菜おかず
副菜は3色に限定して和える・漬ける だけの副菜をメインに紹介。黄のお かずとして卵のおかずも。

---

part 3 これで満腹！ ごはん・パン・めんレシピ

［ 炊き込みごはん ］

お弁当を開けた瞬間ふわっと香る！
鮭と根菜の 炊き込みごはん

しょうゆ味	⏱10分	333kcal

彩りきれいで見た目も華やか！
ウインナーとブロッコリー のカレーピラフ

カレー味	⏱10分	407kcal

ごはん・パン・弁当

一皿で栄養満点の主食を バラエティー豊かに紹介！
一品で栄養がとれるごはん、パン、め んのレシピ。たんぱく質と野菜がしっ かりとれるから、これ一品で栄養満点。

時短おかずの定番弁当

レンチンやオーブントースターでできる主菜と、
和える・漬けるだけの副菜を組み合わせれば、
あっという間にお弁当のできあがり！ 彩りのバランスを意識しましょう。

基本のルール **3**

1 ほったらかしで作れる時短の主菜をメインに

朝10分で作るためには、ほったらかしでできるおかずを主菜にすることが基本。食材が多かったり、手間のかかるおかずは避けましょう。レンチンやトースターを使えば、加熱している間にほかの調理ができるからラク。

2 基本的に主菜と副菜は赤・黄・緑でバランスをとる

お弁当の彩りは、主菜と副菜で色のバランスをとるのが鉄則。例えば、主菜のコーンチーズつくねの色は茶色＋黄色なので、副菜は赤のパプリカのレモンマリネ、緑の小松菜とベーコンのオイル蒸しを組み合わせて色のバランスをとります。

3 こってりした主菜にはさっぱりした副菜を

満足感の高いお弁当を作るなら、味の組み合わせも重要なポイント。主菜がこってりとした味の場合は、マリネのようにさっぱりとした副菜を組み合わせるのがポイント。全体の味のバランスがよくなります。

朝10分

Time schedule

0分〜	3分〜
食材を切る。調味料を合わせる。	パプリカをレンチンする。オイル蒸しの材料を鍋に入れて火にかける。

主食

ごはん 250g ＋赤しそふりかけ適量→P35

これもおすすめ！
鮭フレーク、昆布の佃煮、黒いりごまなど

主菜

コーンチーズつくね（レンチンで）→P80

これもおすすめ！
タンドリーチキン（トースターで）→P44
鶏ささみのいんげんみそロール（レンチンで）→P55
豚肉の明太タルタル焼き（トースターで）→P68
鮭じゃが（レンチンで）→P93

レタスを敷くと
パッと華やかに

和える・漬けるだけでできる副菜

赤→パプリカのレモンマリネ→P124
緑→小松菜とベーコンのオイル蒸し→P140

これもおすすめ！
ミニトマトの梅和え→P122
にんじんとツナのマリネ→P127
きゅうりとベーコンのにんにく炒め→P137
春菊のペッパーチーズ炒め→P141

4分30秒〜

つくねを練り混ぜて
成形する。

6分〜

つくねをレンチンする。
パプリカに
味つけをする。

8分30秒〜

つくねにチーズを
のせてレンチンする。

完成！

作りおきの定番弁当

食べ盛りの中高生に大人気のから揚げ弁当。
時間と手間がかかると思いきや、下味冷凍を利用すれば、
当日の朝は粉をつけて揚げるだけ！　10分でから揚げ弁当の完成です。

基本のルール **3**

1 下味冷凍、冷凍ミールキット、作りおきの主菜をメインに

下味をつけて冷凍する「下味冷凍」やたんぱく質と野菜に味つけをして冷凍する「冷凍ミールキット」を時間のある日に作っておけば、朝は焼く、揚げるなど火を通すだけ。冷凍ミールキットはレンチンでできるからさらに簡単。

2 手間がかかる主菜には簡単な副菜を

下味冷凍であとは揚げるだけと言っても、朝から揚げ物は手間がかかるもの。そういうときに組み合わせる副菜はとにかく簡単に作れるものを選びましょう。食材を切って和えるだけ、漬けるだけで完成するものをメインに。

3 卵の副菜＋野菜の副菜2品で彩りアップ

から揚げのような茶色いおかずには、赤・緑・黄の副菜を組み合わせて、彩りアップ！　赤と緑は簡単に作れる副菜を、黄は卵の副菜を組み合わせれば、見た目も味のバランスも大満足のお弁当ができあがります。

朝**10**分

Time schedule

0分〜	**2**分**30**秒〜
お湯を沸かす。油を火にかける。食材を切る。	ブロッコリーを鍋に入れる。鶏肉に片栗粉をまぶす。

主食

ごはん250g＋黒いりごま適量→P35

これもおすすめ！
鮭フレーク、昆布の佃煮、赤しそふりかけなど

主菜

から揚げ（下味冷凍）→P47

これもおすすめ！
鶏ささみのケチャマヨ揚げ（下味冷凍）→P59
回鍋肉（冷凍ミールキット）→P64
鮭とかぼちゃのハニーマスタード焼き（下味冷凍）→P97
えびチリ（冷凍ミールキット）→P108

> 汁けのある副菜は、シリコンカップに入れて！

副菜

赤→ミニトマトの紅しょうが和え→P123
緑→ブロッコリーのおかか和え→P138

これもおすすめ！
ミニトマトの中華マリネ→P122
パプリカのしょうがマヨ和え→P125
きゅうりとツナの旨塩和え→P137
ほうれん草としらすの中華和え→P141

卵の副菜

甘い卵焼き→P118

これもおすすめ！
パプリカチーズ卵焼き→P118
ぺったん卵→P119
ハム卵→P120

3分〜　**3分30秒〜**　**4分〜**　**7分〜**　**7分30秒〜**　完成！

鶏肉を油に入れる。　ブロッコリーをざるにあげる。　卵焼きを作る。　から揚げを取り出す。　ミニトマトに味つけをする。ブロッコリーに味つけをする。

のっけ弁

朝、全く時間がないときにおすすめなのが、のっけ弁。
お弁当箱にごはんを詰めて、その上に炒め物などのおかずを
大胆にのっけるだけ！　おかずを詰める手間も省けます。

基本のルール **3**

1 主菜はたんぱく質＋野菜の 味が濃いめのものを

おかず一品をのっけるだけだからこそ、たんぱく
質と野菜を組み合わせた主菜がおすすめ。緑黄
色野菜を意識すると、色も栄養バランスも整いま
す。また、ごはんの上にのっけるだけだから、濃
いめの味のおかずを選びましょう。

2 副菜は1〜2食材を使った あっさり味に

濃いめの味の主菜には、あっさりとした副菜を組
み合わせましょう。少ない食材でできる簡単なも
のが◎。パパッと作れるうえ、食感の変化や味のバ
ランスも整うから、飽きずにおいしく食べられます。

3 ごはんにのせるおかずは、 水分の少ないものが基本

ごはんの上にのっけるおかずは、水分が多いとご
はんがベチャベチャになってしまい、せっかくお
弁当を作っても残念な結果に。ごはんの上にのせ
るなら、炒め物や焼き物など、水分が少ないおか
ずにしましょう。

朝10分
Time schedule
0分〜

食材を切る。

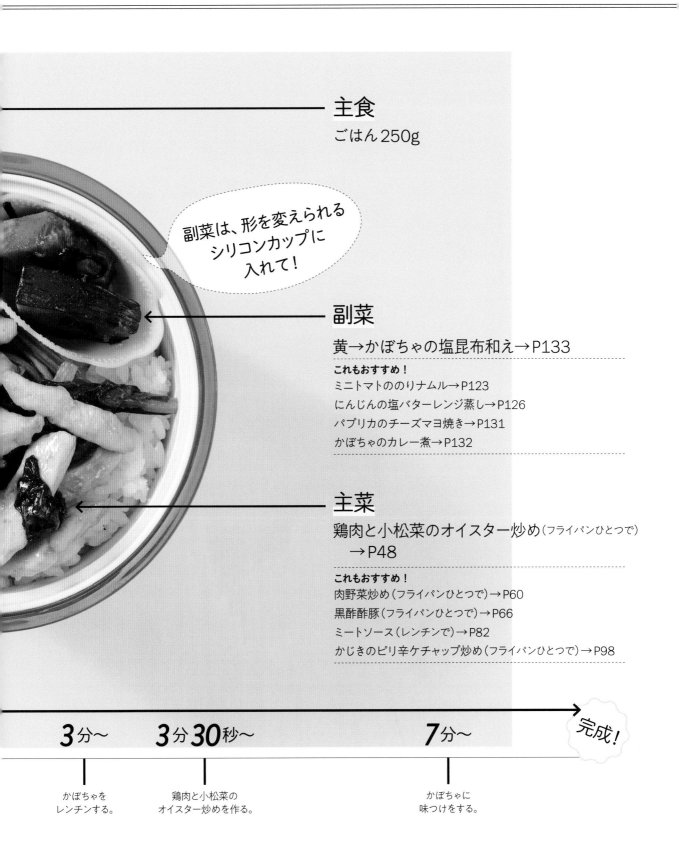

主食
ごはん 250g

副菜は、形を変えられる
シリコンカップに
入れて！

副菜
黄→かぼちゃの塩昆布和え→P133

これもおすすめ！
ミニトマトののりナムル→P123
にんじんの塩バターレンジ蒸し→P126
パプリカのチーズマヨ焼き→P131
かぼちゃのカレー煮→P132

主菜
鶏肉と小松菜のオイスター炒め（フライパンひとつで）
→P48

これもおすすめ！
肉野菜炒め（フライパンひとつで）→P60
黒酢酢豚（フライパンひとつで）→P66
ミートソース（レンチンで）→P82
かじきのピリ辛ケチャップ炒め（フライパンひとつで）→P98

3分〜　　**3分30秒〜**　　　　　　　**7分〜**　　完成！

かぼちゃを
レンチンする。

鶏肉と小松菜の
オイスター炒めを作る。

かぼちゃに
味つけをする。

部活弁当

部活をがんばる中高生のお子さんにおすすめの
部活弁当の基本をおさえましょう。体作りのために
必要な栄養がしっかりとれるおかずを
組み合わせることがポイント。

基本のルール **3**

1 たんぱく質はいろいろな食材からとる

運動に必要な筋肉をつけるためには、たんぱく質の摂取が重要。ただし、肉ばかりに偏ってしまうと、脂質の過剰摂取にもなるので、魚介、卵、大豆製品、乳製品など、いろいろな食品からたんぱく質を摂取しましょう。

2 ビタミン・ミネラルなどの栄養素は副菜で

体作りのためには、エネルギー源になる炭水化物や脂質、体を作る材料となるたんぱく質のほかに、体の調子を整えるビタミン・ミネラルが必要です。これらの栄養素を含む野菜や海藻などは副菜でとりましょう。

3 豚肉のビタミンB₁、酢のクエン酸で疲労回復

部活の練習や試合後の疲労回復には、筋肉の材料となるたんぱく質、エネルギー補充のための炭水化物、これらの代謝を助けるビタミンB群を組み合わせましょう。豚肉のビタミンB₁や酢のクエン酸で疲れた体を回復させます。

朝10分

Time schedule

0分〜　　　　3分30秒〜

（味玉は前日に漬けておく。）
食材を切る。
（にんじんに塩をまぶしておく。）
調味料を合わせる。

トンテキを焼く。

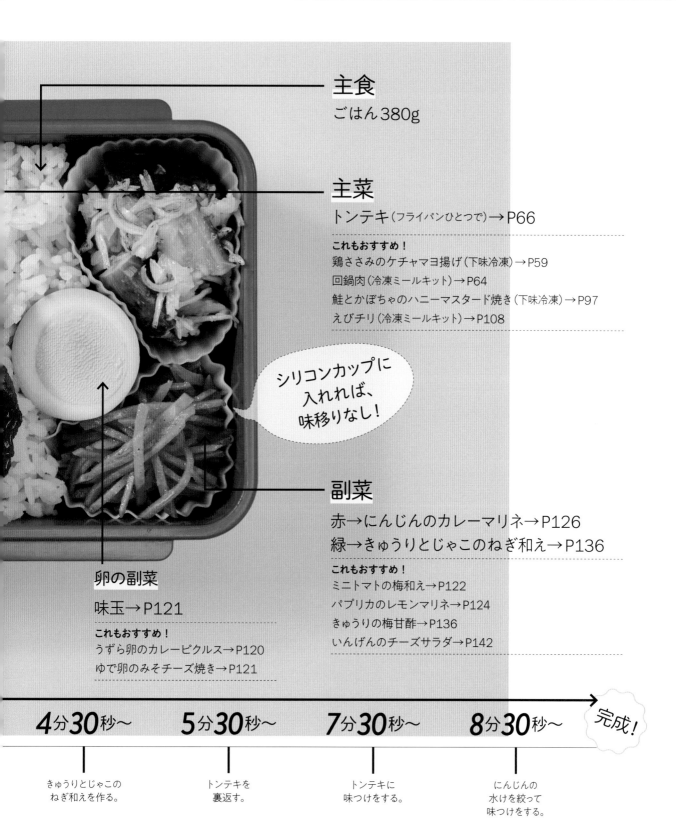

主食
ごはん380g

主菜
トンテキ（フライパンひとつで）→P66

これもおすすめ！
鶏ささみのケチャマヨ揚げ（下味冷凍）→P59
回鍋肉（冷凍ミールキット）→P64
鮭とかぼちゃのハニーマスタード焼き（下味冷凍）→P97
えびチリ（冷凍ミールキット）→P108

シリコンカップに
入れれば、
味移りなし！

副菜
赤→にんじんのカレーマリネ→P126
緑→きゅうりとじゃこのねぎ和え→P136

これもおすすめ！
ミニトマトの梅和え→P122
パプリカのレモンマリネ→P124
きゅうりの梅甘酢→P136
いんげんのチーズサラダ→P142

卵の副菜
味玉→P121

これもおすすめ！
うずら卵のカレーピクルス→P120
ゆで卵のみそチーズ焼き→P121

4分30秒〜　　5分30秒〜　　7分30秒〜　　8分30秒〜　　完成！

きゅうりとじゃこの
ねぎ和えを作る。

トンテキを
裏返す。

トンテキに
味つけをする。

にんじんの
水けを絞って
味つけをする。

塾弁

受験に向けて塾通いするお子さんにどんなお弁当を持たせたらいいの？
と悩む親御さんも多いはず。眠くならず、胃に負担をかけずに
満足感のあるお弁当がおすすめです。

基本のルール 3

1 眠気を誘わないように、軽めが基本

塾の前に食べるお弁当は、脳のエネルギー源になる炭水化物をメインに考えるのが◎。とはいえ、食べ過ぎは眠気を誘うので、主食をメインにして軽めのお弁当が基本。栄養がとれるように、具を混ぜたおにぎりがベストです。

2 汁物を加えることで満足感がアップ！

スープジャーがあれば、あたたかい汁物を持たせることができます。具だくさんの野菜たっぷりスープは、ビタミン補給とともに、勉強疲れやストレスを和らげてくれる効果も。おにぎりと具だくさんスープを組み合わせれば栄養満点。

3 さらに副菜を加えてビタミン補給を

毎日の勉強や緊張で疲れているお子さんには、体の調子を整えるビタミン、ミネラル、食物繊維が豊富な副菜を一緒に持たせましょう。ただし、副菜は1品でOK。そのほかにゆで野菜やミニトマトを詰めてビタミン補給を。

すき間埋め
ミニトマト
ゆでブロッコリー

朝10分

Time schedule

0分〜	3分〜
お湯を沸かす。食材を切る。スープジャーをあたためる。	たらこをグリルで焼く。

ポトフとおにぎり弁当

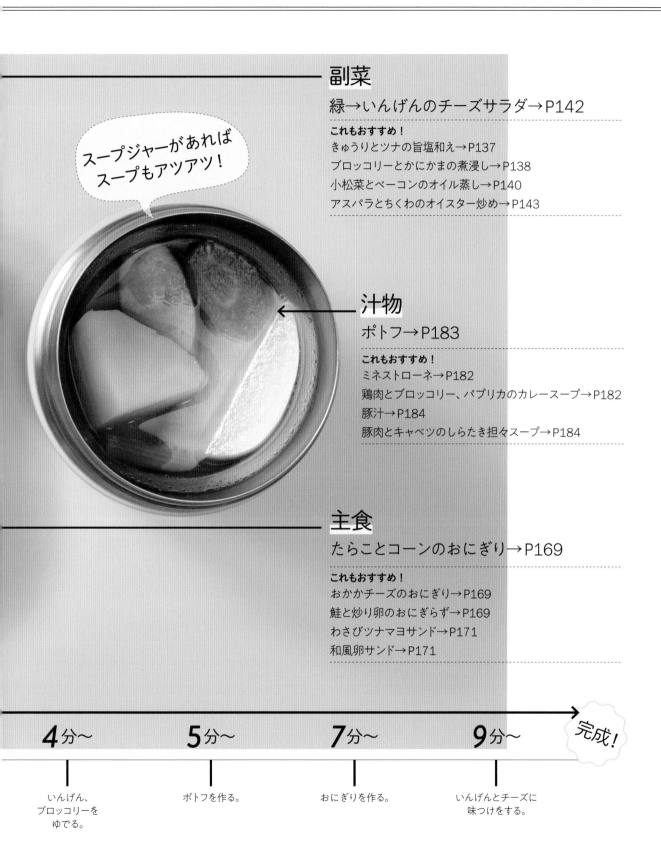

スープジャーがあれば
スープもアツアツ！

副菜

緑→いんげんのチーズサラダ→P142

これもおすすめ！
きゅうりとツナの旨塩和え→P137
ブロッコリーとかにかまの煮浸し→P138
小松菜とベーコンのオイル蒸し→P140
アスパラとちくわのオイスター炒め→P143

汁物

ポトフ→P183

これもおすすめ！
ミネストローネ→P182
鶏肉とブロッコリー、パプリカのカレースープ→P182
豚汁→P184
豚肉とキャベツのしらたき担々スープ→P184

主食

たらことコーンのおにぎり→P169

これもおすすめ！
おかかチーズのおにぎり→P169
鮭と炒り卵のおにぎらず→P169
わさびツナマヨサンド→P171
和風卵サンド→P171

4分〜 **5分〜** **7分〜** **9分〜** 完成！

いんげん、
ブロッコリーを
ゆでる。

ポトフを作る。

おにぎりを作る。

いんげんとチーズに
味つけをする。

カロリー控えめの お弁当

体形を気にし始める中高生は、無理なダイエットをしがち。
大切な成長期なので、必要な栄養がしっかりとれる
カロリー控えめのお弁当のポイントをおさえましょう。

基本のルール **3**

1 高たんぱく低カロリーの 食べ応えのある主菜に

太りたくないからと言って、野菜ばかり食べるのはNG。体を作るもとになるたんぱく質をしっかりとりましょう。ポイントは、低脂肪、低カロリーの鶏むね肉や鶏ささみ、豚もも肉、魚介類、豆腐などの食材を選ぶことです。

2 ビタミンたっぷりの 緑黄色野菜の副菜をプラス

美肌を作るビタミンCやβ-カロテン、ビタミンEなどが豊富な緑黄色野菜の副菜を多めに詰めましょう。赤、緑、黄などの彩りのいい野菜は、見た目もきれいでお弁当が華やかに！ 味のバランスを考えながら組み合わせて。

3 切り干し大根やひじき、 根菜で食物繊維を摂取

カルシウムや食物繊維の多い切り干し大根やひじき、にんじん、れんこん、ごぼうなどの副菜もおすすめです。栄養があるだけでなく、噛み応えもあるので、カロリー控えめでも満足感があります。便秘予防にも効果的！

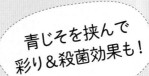

青じそを挟んで
彩り＆殺菌効果も！

朝10分

Time schedule

0分〜

（かじきの焼き漬けは作っておく。）
（切り干し大根と枝豆、ひじきの中華和えは作っておく。）
枝豆は解凍してさやから出す。

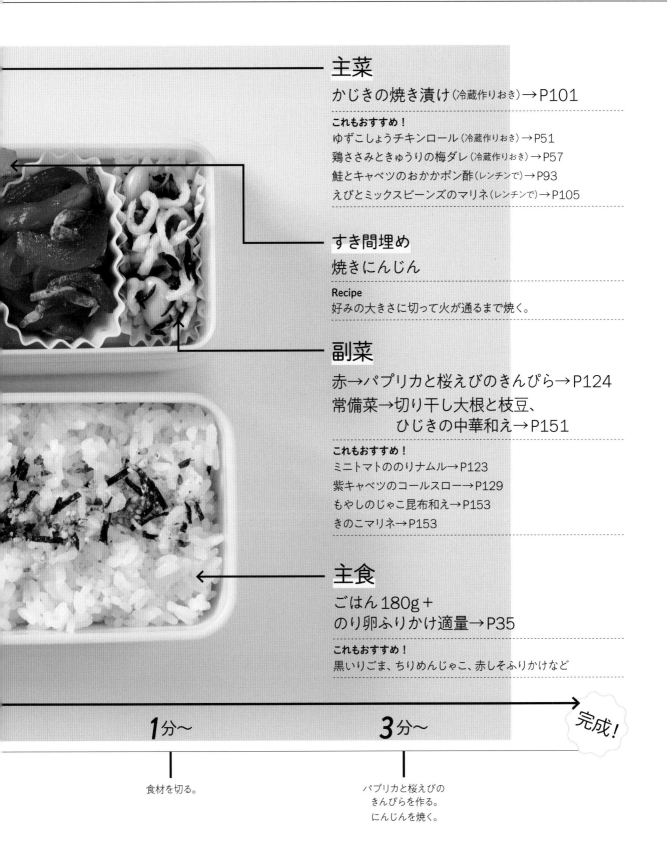

主菜

かじきの焼き漬け（冷蔵作りおき）→P101

これもおすすめ！
ゆずこしょうチキンロール（冷蔵作りおき）→P51
鶏ささみときゅうりの梅ダレ（冷蔵作りおき）→P57
鮭とキャベツのおかかポン酢（レンチンで）→P93
えびとミックスビーンズのマリネ（レンチンで）→P105

すき間埋め

焼きにんじん

Recipe
好みの大きさに切って火が通るまで焼く。

副菜

赤→パプリカと桜えびのきんぴら→P124
常備菜→切り干し大根と枝豆、
　　　　ひじきの中華和え→P151

これもおすすめ！
ミニトマトののりナムル→P123
紫キャベツのコールスロー→P129
もやしのじゃこ昆布和え→P153
きのこマリネ→P153

主食

ごはん180g＋
のり卵ふりかけ適量→P35

これもおすすめ！
黒いりごま、ちりめんじゃこ、赤しそふりかけなど

1分〜　　　**3分〜**　　　完成！

食材を切る。

パプリカと桜えびの
きんぴらを作る。
にんじんを焼く。

超手抜き弁当

寝坊してしまった！ 疲れて何もやる気が起きない…。
そんなときは、市販の冷凍食品と冷凍野菜を工夫して詰めるだけの
超手抜き弁当がおすすめ！　たまにはこんな日もOK！

基本のルール3

1 冷凍ハンバーグなどの 冷凍食品を活用！

主菜はハンバーグやミートボールなどの冷凍食品を使えば、レンチンするだけだからあっという間！ 自然解凍で食べられる冷凍食品を使えばさらにラクになります。特売の際に買いだめしてストックしておくと便利。

2 冷凍野菜をおいしくする 工夫で満足度アップ

便利な冷凍野菜を活用しましょう。冷凍ミックス野菜はとても便利。そのままだと味気ないと思うときは、洋風スープの素と一緒にレンチンしてチーズで和えるなどのひと工夫をすれば、おいしいおかずに変身します。

3 そのまま食べられる食材を 使って一品に

切ってそのまま食べられる魚肉ソーセージやきゅうりなどの生野菜は、組み合わせ方次第で見栄えのいいおかずに。手抜きではあるけれど、ピック使いでかわいく見せることも可能。ミニトマトやキャンディチーズもおすすめ！

朝10分

Time schedule

0分〜

冷凍野菜と洋風スープ
の素をレンチンする。

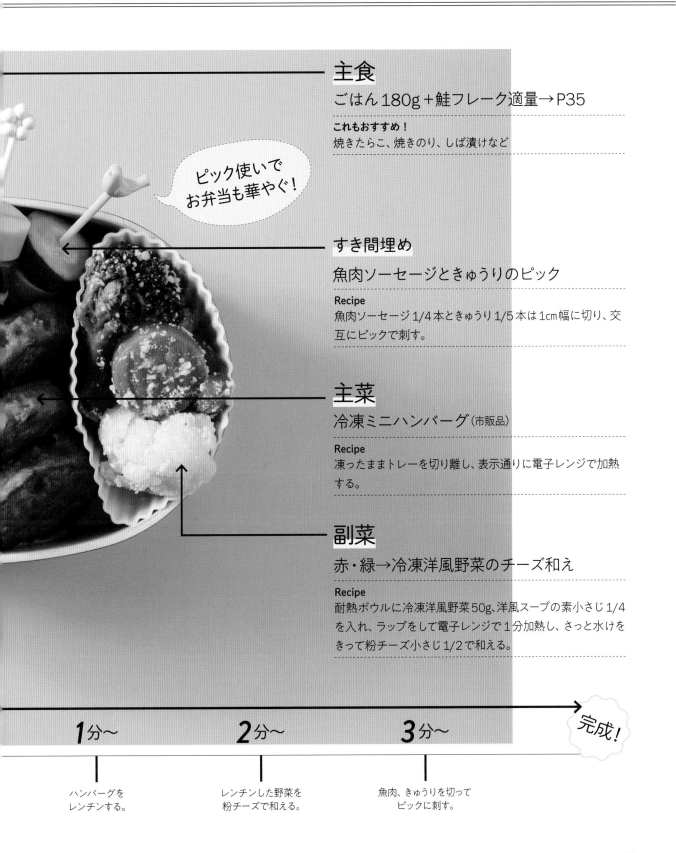

ピック使いで
お弁当も華やぐ！

主食
ごはん180g＋鮭フレーク適量→P35

これもおすすめ！
焼きたらこ、焼きのり、しば漬けなど

すき間埋め
魚肉ソーセージときゅうりのピック

Recipe
魚肉ソーセージ1/4本ときゅうり1/5本は1cm幅に切り、交互にピックで刺す。

主菜
冷凍ミニハンバーグ（市販品）

Recipe
凍ったままトレーを切り離し、表示通りに電子レンジで加熱する。

副菜
赤・緑→冷凍洋風野菜のチーズ和え

Recipe
耐熱ボウルに冷凍洋風野菜50g、洋風スープの素小さじ1/4を入れ、ラップをして電子レンジで1分加熱し、さっと水けをきって粉チーズ小さじ1/2で和える。

1分～　ハンバーグをレンチンする。

2分～　レンチンした野菜を粉チーズで和える。

3分～　魚肉、きゅうりを切ってピックに刺す。

完成！

朝10分でできる！
超効率的なお弁当作り

コーンチーズつくね弁当（P10~11）を例にして朝10分で作れるお弁当おかずのルーティーンを
ご紹介！ 大まかな手順を覚えておけば、ラクにお弁当が作れます。

コーンチーズつくね弁当を作ってみよう！

朝10分 *Time schedule*

0分 食材を切る
調味料を合わせる

まずは主菜、副菜で使う食材をまとめて切り
ます。野菜を最初に切り、そのあとに肉や魚
を切るとまな板を洗う手間が省けます。

超効率アイデア

下味冷凍を使う場合は、
前日に冷蔵庫に移して
解凍しておけばラク！

3分 パプリカを
レンチンする

次に下ゆでしたい食材を電子レンジで加熱
しましょう。切った食材を入れた耐熱ボウル
にふんわりとラップをして30秒加熱を。

超効率アイデア

レンチンする食材は、
切ったら耐熱ボウルに
直接入れておくと
超効率的！

オイル蒸しの材料を
鍋に入れて火にかける

さっと火を通すだけで作れる副菜を作ります。鍋と蓋を用意して、切った食材と調味料を入れ、蓋をして火にかけて。

超効率アイデア

少量のおかずを作るときは、
鍋は
直径16cmのものが
ベスト。

4分30秒 つくねを練り混ぜて
成形する

火にかけている間に、つくねの肉だねの仕込みを。食材と調味料をボウルに合わせて練り混ぜ、丸めて平らな円形に成形します。

超効率アイデア

成形は、油を手にぬるか、
エンボス手袋を使うと
ベタつかないからラク。

6分 つくねを
レンチンする

つくねの肉だねを耐熱皿に並べ、ふんわりラップを。電子レンジからパプリカを取り出して耐熱皿を入れ、電子レンジで1分30秒加熱。

超効率アイデア

あらかじめ耐熱皿を
用意しておくと、
すぐにレンジにかけられて
便利！

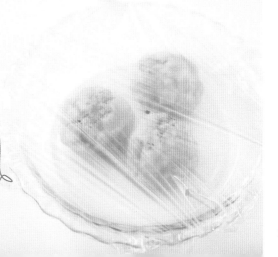

パプリカに味つけをする

つくねを加熱している間に、赤パプリカのレモンマリネを仕上げて。調味料とオイルを耐熱ボウルに加えてざっくりと和えます。

超効率アイデア

レンチンしたパプリカに
そのまま調味料を加えて
和えれば超簡単！

8分
30秒

つくねにチーズを
のせてレンチンする

つくねを電子レンジから取り出したら、一口大に切ったチーズをのせてさらに電子レンジで20秒加熱します。

超効率アイデア

あらかじめ、
チーズは一口サイズに
切って用意しておくとラク！

おかずの完成！

memo

下味冷凍したものを使ってお弁当を作るときは、前日に冷蔵庫に移して解凍を。また、冷凍ミールキットを使う場合は、さっと水にくぐらせ、中身を耐熱皿に取り出し、ふんわりとラップをしてレンチンします。ボウルより皿のほうが加熱ムラも出ずに調理しやすいです。また、加熱時間がかかるので、最初に電子レンジにかけておくと、その間にほかのおかずを仕上げられます。

おかずが冷めたらお弁当箱に詰めましょう！

お弁当箱に詰めるときは、しっかり冷ますこと。おかずがアツアツのままだと傷む原因になり、食中毒の危険性があります。しっかり冷めたらお弁当箱に詰めましょう。見栄えがよくてバランスのいい詰め方をぜひ参考にしてください。

1 ごはんを詰める

ごはんはアツアツではなく、冷ましてから一番最初に詰めましょう。お弁当箱の半分のスペースに詰めるのが目安。

2 レタスを敷く

大きなおかずを詰める場所に、グリーンリーフなどのレタスを敷いてお弁当の彩りに。ただ、夏場は傷みやすいので避けるようにしましょう。

完成！

3 大きいおかずを詰める

レタスを敷いたところに、大きなおかずを並べます。お弁当箱の1/4ほどのスペースを使います。

4 副菜を詰める

残りのスペースに、副菜2品を詰めます。オイル蒸しなどの汁が出やすいおかずは、おかずカップに入れて。

5 ごはんのおともを詰める

仕上げにごはんの上にふりかけなどのごはんのおともを添えます。ふりかけ以外にも、梅干しや漬け物などお好みで。

活動量＆性別による
エネルギー必要量の考え方

中高生のお弁当を作るときに、知っておきたいエネルギー必要量のこと。
まずは、身体活動レベルや性別によって適したエネルギー量を知ることから始めましょう。

活動レベルと性別によって
エネルギーの必要量は変わります

成長期の中高生の子どもたちのエネルギー量は、年齢別、性別、身体活動レベルによって変わります。「食事摂取基準2020　推定エネルギー必要量」を見てみると、中学生（12〜14歳）と高校生（15〜17歳）に分かれており、身体活動レベルによって変わるので、確認してみましょう。それによって主菜や主食の量を調整してお弁当を作るのがポイントです。目安として身体活動レベルIIの場合、中高生の男子のお弁当箱は900ml、女子のお弁当箱は600mlとなります。なので、ほとんど外に出ることのない活動量の少ない中高生は弁当箱を目安より小さめに、スポーツに取り組んでいる中高生は弁当箱を大きめにするといいでしょう。

エネルギー必要量（Kcal）の目安

男子	身体活動レベル		
年齢（歳）	I	II	III
12~14	2300	2600	2900
15~17	2300	2800	3150

女子	身体活動レベル		
年齢（歳）	I	II	III
12~14	2150	2400	2700
15~17	2050	2300	2550

日本人の食事摂取基準（2020年版）より

身体活動量
レベルI
低い

生活の大部分が座位で、静的な活動が中心の場合

男子弁当：700ml／女子弁当：500ml目安

身体活動量
レベルII
ふつう

座位中心ではあるが、通学や軽いスポーツなど、やや身体を動かす機会がある場合

男子弁当：900ml／女子弁当：600ml目安

身体活動量
レベルIII
高い

日中の活動も多く、スポーツなど活発に運動習慣がある場合

男子弁当：1000ml／女子弁当：750ml目安

男子弁当
（900㎖）

成長期、育ち盛りの中高生のエネルギー必要量は、1食あたり約870〜930kcal。お弁当箱の容量とカロリーはほぼ等しいので、900㎖ぐらいのお弁当箱を選ぶのがベストです。

主食300g

主食は約450kcal分として280〜300gを目安に。スポーツの部活に励む中高生は、主食の量で調整を。

メインおかず100g

中高生男子の1日に摂取するエネルギーのうち、15〜20%をたんぱく質から摂取します。約200kcal分として大体100gが目安。

副菜120g

1日350g以上の野菜、海藻、きのこを目安に、1食約250kcal分として120gぐらい。2種類以上の副菜を組み合わせて。

女子弁当
（600㎖）

女子の中高生のエネルギー必要量は1食700〜800kcalですが、お弁当箱で言うと600㎖ぐらいが目安。不足するエネルギー量は果物や乳製品でプラスしましょう。

副菜120g

体形を気にする中高生女子も野菜の副菜は、1食約150kcal分として120gぐらいが目安。ビタミンCたっぷりの緑黄色野菜を意識して。

メインおかず100g

成長期の中高生女子も、たんぱく質をしっかりとる必要があります。約150kcal分として大体100gが目安。

主食200g

主食は300〜350kcalを目安に。ごはんで言うと200gが目安。部活をしている場合は主食を増やして。

主食・主菜・副菜の 量・色・味のバランスのこと

中高生に必要な栄養がとれるお弁当を作るためには、量・色・味のバランスが大切。
大まかな比率を覚えて、簡単に栄養満点のお弁当を作ってみましょう。

量のバランス
主食：おかずは 1:1 が基本

お弁当箱に主食とおかずを詰めるときに考えたいのが、量のバランス。主食：おかず（主菜＋副菜）は1:1が基本と覚えておきましょう。また、一般的に主菜：副菜の量のバランスは1:2。ただし、部活が始まる中高生では1:1ぐらいにしてたんぱく質をしっかり補給します。こうすれば、エネルギーのもとになる炭水化物、脂質、体を作るたんぱく質、ビタミン、ミネラル、食物繊維など、栄養をまんべんなくとることができ、中高生に必要なエネルギーも十分に補給できます。

色のバランス
ごはん（白）
メインおかず（茶）
副菜（赤・緑・黄）
で考える

次に考えておきたいのが、色のバランス。見栄えのいいお弁当を作るためには、赤・緑・黄・茶・白の5色を揃えると覚えましょう。そもそも、ごはんは白、肉や魚のおかずは茶と考えれば、副菜は赤・緑・黄が揃えばOK。手間のかかるおかずをたくさん作らなくても、この5色が揃うだけで、彩り豊かな食欲がアップするお弁当ができるのです。あまり難しく考えず、5色を揃えるという感覚で、お弁当を作るようにすると、苦手意識も解消できるかもしれません。また、この5色を揃えることで、自然に栄養バランスを整えることができます。

味のバランス
甘い
辛い（塩辛い）
酸っぱい
を意識する

お弁当作りで大切なポイントは、同じ味つけが重ならないようにすること。本書では、それぞれのレシピに味つけを表示しているので、おかずを組み合わせる際の参考にしましょう。さまざまな味つけがありますが、大きく分けて「甘い」「辛い（塩辛い）」「酸っぱい」の3種類を意識。これらをお弁当箱の中で組み合わせることで、お弁当全体の味のメリハリがつき、満足度の高いお弁当を作ることができます。例えば、主菜の味つけが辛い（塩辛い）ときは、副菜の味つけは甘い、酸っぱいものを選ぶというように意識しましょう。

1 主菜 : 1 副菜

1

：

主食

1

ごはんとおかずの比率は1：1。主菜（コーン
チーズつくね）と副菜（パプリカのレモンマリネ＋
小松菜とベーコンのオイル蒸し）の比率も約1：1
が理想的。主菜は茶と黄、副菜は緑と赤、
ごはんは白で5色です。味つけは、甘い、
辛い（塩辛い）、酸っぱいを意識しましょう。

みんな大好き！
味つけパターンと
組み合わせ方を覚えよう

人気の味つけを
取り入れて大満足のお弁当

お弁当作りで悩ましいのが味つけ。いつもワンパターンになりがちな人も多いのでは？
満足してもらえるお弁当を作るためには、人気の味つけを覚えておくことも重要なポイント。いつもお子さんが喜ぶおかずを思い浮かべたり、外食でよく注文するおかずのタイプを観察したりしてみると、お子さんの好きな味つけが見えてくるかもしれません。

また、満足感の高まる味の組み合わせを知っておくといいでしょう。しょうゆ味のから揚げを主菜にする場合は、梅味と甘辛味の副菜を選ぶというように、味が重ならないように意識すること。味つけのパターンと組み合わせ方を覚えることで、お子さんが喜ぶお弁当を作ることができます。

定番にしたい！
大人気の味つけ
4

「カレー味」「チーズ味」「トマトケチャップ味」「マヨネーズ味」といったこってりとした味つけが食べ盛りの中高生には大人気です。これらの味つけを定番にすることで、お子さんの食欲もさらにアップ。主菜や副菜の

おかずに、ときどきは主食の味つけに利用するのもおすすめ。本書では、これらの味つけのおかずをたくさん紹介しています。味つけ別さくいん（P188〜191）も活用しながら毎日のお弁当作りに役立ててください。

1 カレー味

子どもから大人まで幅広い人気のカレー味。タンドリーチキンなどスパイシーな辛さが後を引くおいしさです。

2 チーズ味

乳脂肪のコクと旨みをプラスするチーズ味。スライスチーズやピザ用チーズ、粉チーズを使ったおかずが人気。

3 トマトケチャップ味

甘みや酸味のバランスがよく、旨みもたっぷりなケチャップを使ったおかずも大人気。肉のおかずの味つけに。

4 マヨネーズ味

酸味、塩味のバランスがよく、マイルドでコクのあるマヨネーズもみんな大好き。肉や魚のおかずやサラダに。

甘・辛・酸を
意識して
組み合わせる

お弁当のおかずを考えるときは満足度を高める「甘・辛・酸」の味を取り入れましょう。「甘い」砂糖やみりん、はちみつを使った味、「辛い（塩辛い）」塩、しょうゆ、みそなどの調味料、唐

辛子、スパイスを使った味、「酸っぱい」酢やマヨネーズなどの酸味のある調味料や柑橘類を使った味。主菜から味つけを決め、それ以外の味つけから副菜を選ぶのがコツです。

辛い（塩辛い）

オイスターソース味／カレー味／キムチ味／コンソメ味／
塩味／しょうゆ味／ソース味／チーズ味／ナンプラー味／
ピリ辛味／マヨネーズ味／みそ味／めんつゆ味／ゆずこしょう味

酸っぱい

甘酢味／梅味／酸味／ポン酢しょうゆ味／
マスタード味

甘い

甘味／甘辛味／トマト味／トマトケチャップ味／ミルク味

ごはんにひと工夫するだけで大満足のお弁当

白いごはんの上に色とりどりのふりかけ、漬け物をかけよう

お弁当箱の1/2のスペースを占める白いごはん。そのままだと味気ないと思いませんか？ 白いごはんにひと工夫するだけで、ごはんを最後までおいしく食べられるうえ、彩りもよくなって大満足すること間違いなし！ ふりかけをはじめ、梅干し、しば漬けなどの漬け物や焼きたらこ、ちりめんじゃこ、鮭フレーク、昆布の佃煮、黒いりごま、焼きのりなど、好みのごはんのおともを揃えましょう。ふりかけは、食べる直前にかけるのが◎。梅干しや赤しそふりかけなどは、防腐作用もあるので、ごはんの上にのせると食中毒の予防に役立ちます。

ごはんは１食分ずつ冷凍しておくと便利

ラップに包んで冷凍

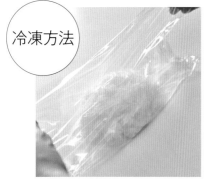

冷凍方法

ラップを大きめに広げ、炊き立てのごはんを１食分ずつのせ、空気が入らないようにぴっちりと包みます。そのまま冷ましたら、冷凍用保存袋に入れて密閉し、冷凍室の平らなところに置いて冷凍します。

凍ったまま電子レンジで加熱

解凍方法

冷凍用保存袋から凍った１食分の冷凍ごはんを取り出して耐熱皿にのせ、電子レンジ（600W）で100gあたり２分を目安に加熱します。お弁当箱に詰めるまでに冷まし、ラップを外してお弁当箱に詰めましょう。

焼きたらこ

ちりめんじゃこ

黒いりごま

赤しそふりかけ

焼きのり

鮭フレーク

梅干し

しば漬け

昆布の佃煮

のり卵
ふりかけ

ここだけはおさえたい！
お弁当の衛生のこと

食中毒を防ぐための
ポイントをおさえましょう

お弁当箱にごはんとおかずを詰めてから、食べるまでに時間が空くため、細菌が繁殖して食中毒を起こす危険性があります。お弁当を作るうえでの食中毒防止の大原則は「つけない」「増やさない」「やっつける」。細菌をつけないために、手洗いはもちろん、まな板や包丁、お弁当箱は清潔なものを使うこと。また、細菌を増やさないためには、水分を残さないこと。食材の水けをしっかりきる、おかずの汁けをきる、詰めるときはしっかり冷ますことが大切です。そして、細菌をやっつけるためには、しっかりと加熱をするのが一番。必ず中心まで火を通しましょう。

清潔な箸を使って詰める

おかずを詰めるときは、清潔な箸を使うこと。そのためにも、箸は多めに用意しましょう。調理する箸とおかずを詰める箸は分けて使うと洗う手間が省けます。また、おかずごとに箸を使い分けると、味移りもしにくくなり、衛生面でも安心です。

傷まないポイント

1 しっかり火を通すこと

おかずは、食材の中心部までしっかりと火を通すことが基本。食中毒の原因となるノロウイルスは85～90℃で90秒以上加熱、腸管出血性大腸菌、カンピロバクター、サルモネラ属菌などは75℃で60秒以上、リステリアは65℃で数分加熱すると細菌が死滅するので、肉や魚介、卵はしっかり加熱し、温泉卵を持たせるときは夏場は避けて必ず保冷剤をつけます。夏場は、かまぼこやハムなど切ったまま使える食材でもできるだけ加熱するのがおすすめです。

2 冷めてから詰めること

ごはんやおかずがあたたかいうちにお弁当箱に詰めてしまうと、蒸気がこもって水分が蓋につくため、傷みの原因に。必ず、ごはんやおかずはしっかり冷まし、冷めたことを確かめてから詰めます。蓋をしめたらできるだけ涼しい場所に保管しましょう。時間がないときは、うちわであおいだり、保冷剤にのせて早く冷ますのがおすすめ。夏場は、保冷バッグと保冷剤を上手に利用しましょう。

3 汁けがあるものはしっかり吸い取る工夫を

水分が多いと細菌が増える原因になるので、おかずの汁けは少ないのが一番。揚げ物や焼き物など、水分が少ないおかずが安心です。汁けの多いおかずを詰めるときは、一度ペーパータオルにのせて汁けをしっかり吸い取ってから、おかずカップに入れるなどして汁けがもれないように気をつけましょう。また、ゆで野菜や塩揉み野菜も、水けをよく絞ったり、ペーパータオルで水けをよく拭き取るようにしてから詰めましょう。

用意しておくと便利な道具たち

a 蓋つきフライパン（20㎝）

焼く、炒めるときなどに使う調理器具。蓋があると火を通しやすい。焦げ防止のためにはフッ素樹脂加工が◎。

b 蓋つき片手鍋（16㎝）

深めなので煮る・揚げる・ゆでる・蒸すときなどに便利な調理器具。片手鍋が調理もしやすくておすすめ。

c バット＆網

バットは切った食材をのせたり、網を入れて使えば食材の水分や油をきることができて便利。

---

d 耐熱皿

高温や急激な温度変化に耐えられる平らな食器。電子レンジやトースターにそのままのせて加熱できる。

e 耐熱ボウル

高温や急激な温度変化に耐えられるボウルで、下ごしらえや混ぜ合わせた食材をそのまま加熱できる。

f フライパン用ホイル

フライパンやオーブンで使うアルミホイル。表面のシリコン加工で食材がくっつかず焦げつかない。

---

g おかずカップ

おかずの仕切りや汁もれ防止に。素材、大きさ、形もいろいろ種類があるのでおかずによって使い分けて。

h 調味料ケース

ソースやタレ、調味料を入れる容器。食べる直前にかけたいおかずのときなどに便利。

i ピック

おかずに刺して食べやすくする道具。色や形がかわいいピックも多く、デコレーションとしても。

part 1

朝が断然ラク！
時短＆作りおきの
たんぱく質のおかず

忙しい朝におすすめの簡単でおいしいメインおかずを紹介。
肉や魚を使っているので、たんぱく質もしっかりとれて大満足！
作りおきや冷凍おかずも取り入れて朝のお弁当作りをラクチンに。

当日の朝でも余裕で作れる超時短テクニック

切る時間と食材は最小限にする

1人分のおかずを作っているだけなのに、なぜか時間がかかってしまうことはありませんか？ その原因は、食材数が多いために、切る工程に時間がかかっていることが考えられます。時短で作りたいなら、食材を最小限にして切る工程を省くのがベスト。副菜を2種類詰め合わせるなら、主菜に食材をたくさん使う必要はありません。1〜2食材を使って作るおかずを組み合わせる方が、はるかに時短になります。

調理道具ひとつでできるおかずを

素揚げしてあんにからめるというような、いくつもの調理器具を使うおかずは、当然ながら時間がかかります。一番ラクなのは、調理器具ひとつで作れるおかずを選ぶこと。本書では「フライパンひとつで」「レンチンで」「トースターで」「鍋ひとつで」というように、それぞれの調理器具ひとつだけでできるレシピを食材ごとに紹介しています。組み合わせる副菜と調理器具が重ならないようにすると、さらに時短が可能です。

作りおき、冷凍も上手に取り入れる

週末や前日に作りおきおかずを作ったり、冷凍ミールキットや下味冷凍を仕込んでおくのも、時短テクのひとつです。冷蔵作りおきのおかずなら、当日の朝は電子レンジであたためるだけでOK。冷凍ミールキットなら、さっと水にくぐらせてレンチンするだけ、下味冷凍なら、前日に冷蔵室に移して解凍し、当日はそのまま加熱調理するだけだから本当に簡単！冷凍したら3週間ほど日持ちするので、一度に4人分仕込んでおくと便利です。

冷凍保存のコツ

冷凍するときは空気を抜いて密封

冷凍するときは、食材と調味料を揉み込んで空気を抜いて密閉するのがコツ。劣化を防ぎ、おいしさをキープできます。

解凍のコツ

自然解凍

下味冷凍は、前日に冷凍庫から冷蔵庫に移して自然解凍するか、ボウルに水をはり、流水で解凍します。

水にくぐらせてレンチン

冷凍ミールキットは、袋ごと水にくぐらせて表面を解凍してから中身を耐熱皿に取り出し、ふんわりとラップをして電子レンジで加熱します。

鶏もも肉

甘酸っぱいタレがよくからむ！

鶏肉のねぎ甘酢和え

甘酢味	🕐10分	259kcal

材料（1人分）

鶏もも肉——1/3枚（100g）

A｜塩・こしょう——各少々
　｜小麦粉——適量

B｜しょうゆ——大さじ1/2
　｜砂糖・酢——各小さじ1

長ねぎ（みじん切り）——5cm分

サラダ油——小さじ1

下準備

・鶏肉は一口大に切り、Aを順にまぶす。

・Bは混ぜ合わせる。

作り方

1 フライパンに油を中火で熱し、鶏肉の皮目を下にして入れ、2〜3分焼く。裏返して弱火にし、2分ほど焼く。

2 長ねぎを加えてさっと炒め、しんなりしたらBを加えてからめる。

濃厚で子どもが喜ぶ味つけ！

鶏肉とアスパラの
バーベキュー炒め

トマトケチャップ味	🕐10分	289kcal

材料（1人分）

鶏もも肉——1/3枚（100g）

A｜塩・こしょう——各少々
　｜小麦粉——適量

玉ねぎ——1/8個

アスパラガス——1本

B｜中濃ソース・トマト
　｜ケチャップ・酒——各小さじ1
　｜しょうゆ・はちみつ——各小さじ1/2
　｜にんにく（すりおろし）——少々

オリーブ油——小さじ1

下準備

・鶏肉は一口大に切り、Aを順にまぶす。

・玉ねぎは1cm幅のくし形切りにして長さを半分に、アスパラガスはピーラーで下1/3くらいの皮をむき、斜め切りにする。

・Bは混ぜ合わせる。

作り方

1 フライパンに油を中火で熱し、鶏肉の皮目を下にして入れ、2〜3分焼く。裏返して弱火にし、2分ほど焼く。

2 玉ねぎ、アスパラガスを加えてさっと炒め、しんなりしたらBを加えてからめる。

オイスターソース味がクセになる！

鶏肉とれんこんに煮汁がしみ込んで美味！

鶏肉とれんこんの甘辛煮

鶏肉とキャベツ、しめじの オイスター炒め風

甘辛味	⏱10分	266kcal

材料（1人分）

鶏もも肉──1/3枚（100g）

れんこん──30g

さやいんげん──1本

A｜しょうゆ・みりん──各小さじ2

　｜砂糖・酒──各小さじ1

下準備

・鶏肉は一口大に切る。

・れんこんは小さめの乱切りにし、さっと水にさらして
　水けをきる。さやいんげんは2cm長さに切る。

作り方

1　耐熱ボウルに鶏肉、れんこん、さやいんげん、Aを
　　入れてさっと混ぜ、ふんわりとラップをして電子レ
　　ンジで2分加熱する。

2　全体をさっと混ぜ、再びラップをして5分ほどおく。
　　※お弁当箱に詰める際は、汁けをよくきる。

アレンジ

・酢を加えてさっぱりと

オイスターソース味	⏱8分	184kcal

材料（1人分）

鶏もも肉──1/4枚（75g）

A｜酒──小さじ2

　｜オイスターソース──大さじ1/2

　｜しょうゆ・片栗粉──各小さじ1/2

キャベツ──1枚（50g）

しめじ──20g

下準備

・鶏肉は一口大に切ってボウルに入れ、Aを加えてから
　める。

・キャベツは3cm四方に切り、しめじは小房に分ける。

作り方

1　耐熱皿にキャベツとしめじを広げ、その上に鶏肉
　　を並べる。

2　残ったタレをかけ、ふんわりとラップをして電子レ
　　ンジで2分加熱し、全体をよく混ぜる。

鶏もも肉

カレーの風味が口に広がる！

タンドリーチキン

ポン酢しょうゆでさっぱりと！

鶏肉と白菜のポン酢煮

カレー味	⏱12分	210kcal

材料（1人分）

鶏もも肉——1/3枚（100g）

A｜ プレーンヨーグルト——小さじ2
　｜ カレー粉——小さじ1/2
　｜ トマトケチャップ——小さじ1
　｜ 塩——小さじ1/8
　｜ にんにく（すりおろし）・こしょう——各少々

下準備

・鶏肉は3等分に切る。

・ボウルにAを入れて混ぜ合わせ、鶏肉にからめる。

作り方

1　天板にアルミホイルを敷き、鶏肉を並べて残ったタレをかける。トースターで10分ほど焼く。

アレンジ

・鶏肉を鮭やめかじきに変えて

・野菜を一緒に焼いてボリュームアップ

・チーズをのせて焼いて濃厚に

ポン酢しょうゆ味	⏱10分	199kcal

材料（1人分）

鶏もも肉——1/4枚（75g）

白菜——1枚（80g）

A｜ 水——1/4カップ
　｜ ポン酢しょうゆ——大さじ1

サラダ油——小さじ1

下準備

・鶏肉は一口大に切る。

・白菜は一口大のそぎ切りにする。

作り方

1　鍋に油を中火で熱し、鶏肉を入れて焼き色がついたら白菜を加えてさっと炒める。

2　Aを加えて沸騰したら弱めの中火にし、水分が少なくなるまで7〜8分煮る。

アレンジ

・白菜をきのこに変えて

・鶏肉をえびやたらに変えて

・白すりごまをたっぷり加えて風味アップ

トマトとパプリカの彩りがきれい！
チキンラタトゥイユ

じゃがいもがホクホクでおいしい！
チキンとじゃがいもの
ハーブソテー

トマト味	194kcal	冷蔵4日

材料（4人分）

鶏もも肉——1枚（300g）
塩——小さじ1/3
こしょう——少々
玉ねぎ——1/4個
パプリカ（黄）——1/2個
にんにく（みじん切り）
　——1かけ分

A｜ホールトマト缶
　　——1/2缶（200g）
　｜ローリエ——1枚
　｜水——1/4カップ
　｜砂糖——小さじ1/2
　｜塩——小さじ1/3
　｜こしょう——少々
オリーブ油——大さじ1

下準備

・鶏肉は一口大に切り、塩、こしょうをふる。
・玉ねぎ、パプリカは3cm角に切る。
・Aは混ぜ合わせる。

作り方

1 フライパンに油を中火で熱し、鶏肉の皮目を下にして入れ、2〜3分焼く。裏返して玉ねぎ、パプリカ、にんにくを加えて炒める。

2 全体に油が回ったらAを加え、沸騰したら弱火にして12分ほど煮込む。

※お弁当箱に詰める際は、汁けをよくきる。

塩味	199kcal	冷蔵4日

材料（4人分）

鶏もも肉——1枚（300g）
塩——小さじ1/3
こしょう——少々
じゃがいも——1個

A｜タイム（乾燥）——小さじ1/4
　｜塩・粗びき黒こしょう——各少々
オリーブ油——大さじ1

下準備

・鶏肉は一口大に切り、塩、こしょうをふる。
・じゃがいもは1cm幅のいちょう切りにし、さっと水にさらして水けをきる。

作り方

1 じゃがいもは耐熱皿にのせ、ふんわりとラップをして電子レンジで3分加熱する。

2 フライパンに油を中火で熱し、鶏肉の皮目を下にして入れ、2〜3分焼く。裏返して弱火にし、2分ほど焼く。

3 1を加えてさっと炒め、Aを加えてからめる。

45

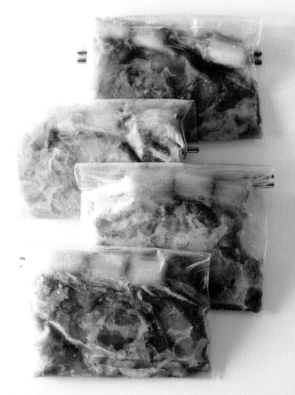

よく揉み込むことで鶏肉に味がしみ込む！

鶏肉とねぎの照り焼き

甘辛味	229kcal	冷凍3週間

材料（4人分）

鶏もも肉
　——小2枚（400g）

長ねぎ（3cm長さに切る）
　——1本

A しょうゆ・酒——各大さじ2
　　砂糖——小さじ4
　　片栗粉——小さじ2

下準備

・鶏肉は一口大に切る。

・ボウルにAを入れて混ぜ合わせ、鶏肉に揉み込む。

作り方

1　冷凍用保存袋に鶏肉と残ったタレを4等分に分けて入れる。

2　1に長ねぎを4等分に分けて加え、空気を抜いて平らにならし、口を閉じて冷凍する。

凍ったまま調理

レンジ加熱

⏱5分	229kcal

作り方

中身を耐熱皿に取り出し、ふんわりとラップをして電子レンジで4分加熱し、とろみがつくまで全体をよく混ぜる。

冷めても
やわらかくて
おいしい！

アレンジ
・パンに挟んでサンドイッチに
・卵でとじてごはんにのせて
・マヨネーズ、粉チーズをかけて
　トースターで焼いて

鶏もも肉

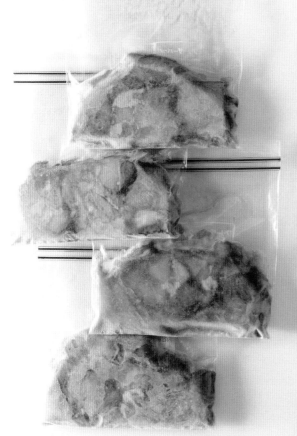

にんにくしょうゆ味でやみつき！

鶏肉のにんにくしょうゆ漬け

しょうゆ味	200kcal	冷凍3週間

材料（4人分）

鶏もも肉……小2枚（400g）

A│しょうゆ・酒……各小さじ4
　│にんにく（すりおろし）……小さじ1/2

下準備

・鶏肉は一口大に切る。
・ボウルにAを入れて混ぜ合わせ、鶏肉に揉み込む。

作り方

1　冷凍用保存袋に鶏肉と残ったタレを4等分に分けて入れる。空気を抜いて平らにならし、口を閉じて冷凍する。

自然解凍

前日に冷蔵庫に移して自然解凍。

時短＆作りおき

揚げる　⏱5分　254kcal

から揚げ

材料と作り方（1人分）

1　解凍した鶏肉のにんにくしょうゆ漬けの水けを拭き取り、片栗粉（適量）をまぶす。

2　フライパンにサラダ油を底から1cm高さに入れて170℃に熱し、1を入れる。こんがり色づくまで3〜4分揚げ焼きにする。

焼く

鶏肉とズッキーニの にんにくしょうゆ焼き

⏱7分
242kcal

材料と作り方（1人分）

1　フライパンにサラダ油（小さじ1）を中火で熱し、解凍した鶏肉のにんにくしょうゆ漬けを入れる。2〜3分焼いたら裏返し、ズッキーニ（40g→1cm幅の半月切り）を加える。

2　蓋をして弱火にし、1〜2分蒸し焼きにする。塩・こしょう（各少々）を加えてさっとからめる。

鶏むね肉

鶏肉に片栗粉をまぶしてしっとりやわらかく！

鶏肉と小松菜の オイスター炒め

オイスターソース味	⏱8分	169kcal

材料（1人分）

鶏むね肉——1/4枚（75g）
A 酒・片栗粉
  ——各小さじ1/2
  塩・こしょう
  ——各少々
小松菜——50g

B オイスターソース
  ——大さじ1/2
  酒——小さじ1
  砂糖——小さじ1/2
ごま油——小さじ1

下準備

・鶏肉は1cm角の棒状に切り、4cm長さに切る。Aを揉み込む。
・小松菜は4cm長さに切る。
・Bは混ぜ合わせる。

作り方

1 フライパンに油を中火で熱し、鶏肉を入れて焼き色がつき、火が通るまで炒める。

2 小松菜を加えてさっと炒め、Bを加えてからめる。

アンチョビの塩味がたまらない！

鶏肉ときのこの アンチョビ炒め

塩味	⏱8分	169kcal

材料（1人分）

鶏むね肉——1/4枚（75g）
A 塩・こしょう——各少々
  小麦粉——適量
エリンギ——25g
しめじ——25g

アンチョビ——1枚
酒——小さじ1
塩・こしょう——各少々
オリーブ油——小さじ1

下準備

・鶏肉は小さめのそぎ切りにしてAを順にまぶす。
・エリンギは縦6つ割りにし、長さを半分に切る。しめじは小房に分ける。
・アンチョビは叩き、酒を加えて混ぜる。

作り方

1 フライパンに油を中火で熱し、鶏肉を入れて色が変わるまで炒める。

2 エリンギ、しめじを加えて炒め、しんなりしたらアンチョビ、塩、こしょうを加えて炒める。

甘みのある味つけでごはんが進む！

鶏肉とキャベツの
みそマスタード和え

みそ味	⏱8分	161kcal

材料（1人分）

鶏むね肉——1/4枚（75g）

塩・こしょう——各少々

キャベツ——1枚（50g）

酒——小さじ1

A｜みそ・粒マスタード——各小さじ1
　｜砂糖・オリーブ油——各小さじ1/2

下準備

・鶏肉は小さめのそぎ切りにし、塩、こしょうをふる。

・キャベツは3cm四方に切る。

・Aは混ぜ合わせる。

作り方

1　耐熱皿に鶏肉、キャベツを入れて酒をかけ、ふんわりとラップをして電子レンジで1分30秒加熱する。

2　火が通ったら水けをきり、Aを加えて和える。

> **アレンジ**
> ・キャベツをれんこんや小松菜に変えて
> ・みそ味をしょうゆ味に

シャキシャキのセロリでさっぱりと！

鶏肉とセロリの
レモンマリネ

酸味	⏱5分	144kcal

（おく時間は除く）

材料（1人分）

鶏むね肉——1/4枚（75g）

セロリ——1/4本

塩——少々

A｜酒——小さじ1
　｜塩・こしょう——各少々

B｜レモン汁・オリーブ油——各小さじ1
　｜塩・こしょう——各少々

下準備

・セロリは斜め薄切りにしてボウルに入れ、塩をふって10分ほどおく。しんなりしたら水けを絞る。

作り方

1　耐熱皿に鶏肉をのせてAをからめ、ふんわりとラップをして電子レンジで1分30秒加熱する。粗熱が取れたら食べやすい大きさにほぐす。

2　ボウルに1、セロリ、Bを加えて和える。

鶏むね肉

ごまとマヨネーズでやみつきになる組み合わせ！

鶏肉のごまマヨ焼き

マヨネーズ味	⏱10分	186kcal

材料（1人分）

鶏むね肉——1/3枚（100g）

塩・こしょう——各少々

A｜マヨネーズ——大さじ1/2
　｜白すりごま——小さじ1
　｜しょうゆ——小さじ1/4

下準備

・鶏肉は一口大のそぎ切りにし、塩、こしょうをふる。

・Aは混ぜ合わせる。

作り方

1 天板にアルミホイルを敷き、鶏肉をのせてAをぬる。トースターで8分ほど焼く。

> **アレンジ**
> ・七味唐辛子をかけてピリ辛に
> ・鶏肉を鮭やたらに変えて
> ・レンジ加熱したさつまいもやかぼちゃを加えて

夏にもさっぱりと食べられる！

鶏肉とオクラの さっぱり和え

梅味	⏱10分	137kcal

材料（1人分）

鶏むね肉——1/4枚（75g）　　A｜削り節——ひとつまみ
片栗粉——適量　　　　　　　　｜ごま油——小さじ1/2
梅干し——1/2個　　　　　　　｜しょうゆ——小さじ1/4
オクラ——2本

下準備

・鶏肉は小さめのそぎ切りにして片栗粉をまぶす。

・梅干しは種を取り除いて叩く。

作り方

1 鍋に湯を沸かし、オクラを入れて2分ほどゆでる。オクラを取り出し、同じ湯に鶏肉を入れて火が通るまでゆでる。

2 1のオクラは1cm幅の斜め切りにする。

3 ボウルに鶏肉、オクラ、梅干し、Aを入れて和える。

お酢がきいてさっぱり！

鶏肉となす、パプリカの南蛮漬け

酸味	153kcal	冷蔵4日

材料（4人分）

鶏むね肉——1枚（300g）

A｜塩——小さじ1/4
　｜こしょう——少々
　｜小麦粉——適量

なす——1本

パプリカ（黄）——1/2個

B｜赤唐辛子（小口切り）
　｜——1本分
　｜水——大さじ4
　｜酢・しょうゆ——各大さじ2
　｜砂糖——大さじ1

サラダ油——大さじ1

下準備

・鶏肉はそぎ切りにして**A**を順にまぶす。

・なすは1cm幅の半月切りにし、さっと水にさらして水けをきる。パプリカは小さめの乱切りにする。

・保存容器に**B**を入れて混ぜ合わせる。

作り方

1　フライパンに油を中火で熱し、鶏肉、なす、パプリカを入れて焼き色がつくまで焼く。裏返して弱火にし、2〜3分焼く。

2　火が通ったら取り出し、混ぜ合わせた**B**に20分以上漬ける。

パンチのあるゆずこしょうがよいアクセントに！

ゆずこしょうチキンロール

ゆずこしょう味	89kcal	冷蔵4日

材料（4人分）

鶏むね肉（皮なし）
　——1枚（250g）

アスパラガス——1本

にんじん——1/4本

塩——小さじ1/3

こしょう——少々

ゆずこしょう——小さじ1

下準備

・鶏肉は観音開きにし、すりこぎなどで叩いて薄くのばす。

・アスパラガスはピーラーで下1/3くらいの皮をむく。にんじんはせん切りにする。

作り方

1　まな板にラップを敷いて鶏肉を横長に広げ、全面に塩、こしょうをふり、ゆずこしょうをぬる。手前にアスパラガス、にんじんをのせて手前から奥にくるくると巻き、ラップでぴっちり包む。

2　1を耐熱皿にのせて、電子レンジで1分30秒加熱する。一度取り出して上下を返し、さらに1〜2分加熱する。

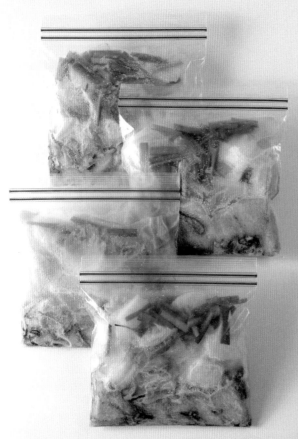

塩昆布で塩味をプラス！

鶏肉と白菜の塩昆布蒸し

塩味	140kcal	冷凍3週間

材料（4人分）

鶏むね肉——1枚（300g）
白菜——3枚（250g）
にら——1/3束

A 塩昆布——12g
酒——大さじ2
ごま油——小さじ2
塩——小さじ1/4

下準備
・鶏肉は小さめのそぎ切りにする。
・ボウルにAを入れて混ぜ合わせ、鶏肉に揉み込む。
・白菜は一口大のそぎ切りに、にらは3cm長さに切る。

作り方

1 冷凍用保存袋に鶏肉を4等分に分けて入れる。

2 1に白菜、にらを4等分に分けて加え、空気を抜いて平らにならし、口を閉じて冷凍する。

↓

凍ったまま調理

↓

レンジ加熱　⏱5分 | 140kcal

作り方
中身を耐熱皿に取り出し、ふんわりとラップをして電子レンジで4分加熱し、全体をさっと混ぜる。

> とろっとした白菜を
> 鶏肉と一緒にどうぞ！

アレンジ
・水、鶏がらスープの素、塩、こしょうを足してスープに
・焼きそばめんと一緒に炒めて塩焼きそばに
・青じそを加えて風味豊かに

鶏むね肉

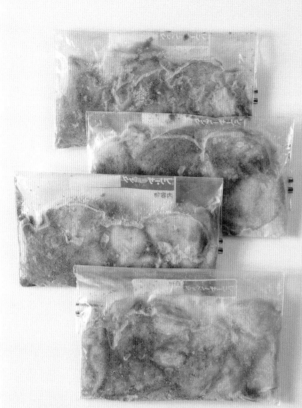

カレー味なら炒め物やスープにも相性◎

鶏肉のカレー塩漬け

カレー味	108kcal	冷凍3週間

材料（4人分）

鶏むね肉——1枚（300g）

A｜酒——小さじ4
　｜カレー粉——小さじ2
　｜塩——小さじ1/2

下準備

・鶏肉は小さめのそぎ切りにする。

・ボウルにAを入れて混ぜ合わせ、鶏肉に揉み込む。

作り方

1　冷凍用保存袋に鶏肉を4等分に分けて入れる。

2　空気を抜いて平らにならし、口を閉じて冷凍する。

自然解凍

前日に冷蔵庫に移して自然解凍。

炒める

鶏肉とれんこんの カレーチーズ炒め

⏱8分
175kcal

材料と作り方（1人分）

1　フライパンにサラダ油（小さじ1）を中火で熱し、解凍した鶏肉のカレー塩漬けを入れて2分ほど焼く。裏返して端に寄せ、れんこん（40g→5mm幅のいちょう切り）を加える。

2　しんなりするまで炒め、パセリのみじん切り（小さじ1）、粉チーズ（小さじ1/2）、塩（少々）を加えてさっとからめる。

レンジ加熱

⏱8分　140kcal

鶏肉とかぶのカレースープ煮

材料と作り方（1人分）

1　耐熱ボウルにかぶ（1/2個→4等分のくし形切り）、かぶの葉（1/2個分→3cm長さ）、解凍した鶏肉のカレー塩漬けの順にのせて水（大さじ1）、洋風スープの素（小さじ1/2）、塩（少々）をかける。

2　ふんわりとラップをして電子レンジで2分30秒加熱し、全体を混ぜる。※スープジャーに入れて持っていく。

鶏ささみ肉

異なる食感を楽しめる！

鶏ささみと さつまいもの天ぷら

塩味	⏱10分	203kcal

材料（1人分）

鶏ささみ肉──小1本（50g）

塩──少々

さつまいも──30g

A｜水・天ぷら粉──各大さじ1と1/2

揚げ油──適量

下準備

・鶏ささみ肉は5cm長さに切り、7〜8mm幅の棒状に切って塩をふる。

・さつまいもは5cm長さの細切りにし、さっと水にさらして水けをきる。

・ボウルにAを入れて混ぜ合わせ、鶏ささみ肉、さつまいもを加えてからめる。

作り方

1 フライパンに油を底から1cm高さに入れて170℃に熱し、鶏ささみ肉とさつまいもを合わせたものを1/4量ずつ入れる。火が通るまで3〜4分揚げ焼きにする。

とろっとしたソースがよくからむ！

鶏ささみの オニオンソース焼き

しょうゆ味	⏱6分	162kcal

材料（1人分）

鶏ささみ肉──1本（70g）

小麦粉──適量

A｜玉ねぎ（すりおろし）──大さじ1

　｜みりん──小さじ2

　｜しょうゆ・酒──各大さじ1/2

サラダ油──小さじ1

下準備

・鶏ささみ肉は一口大のそぎ切りにし、小麦粉をまぶす。

・Aは混ぜ合わせる。

作り方

1 フライパンに油を中火で熱し、鶏ささみ肉を入れてこんがり焼き色がつき、火が通るまで焼く。Aを加えてからめる。

> **アレンジ**
> ・鶏ささみ肉を豚こま肉や鮭、えびに変えて
> ・すりおろしたしょうがを加えてさわやかに
> ・調味料に豆板醤を加えてピリ辛に

キャベツはしっかり水けをきって！

鶏ささみとキャベツの ごまポン酢

| ポン酢しょうゆ味 | ⏱8分 | 107kcal |

材料（1人分）

鶏ささみ肉——小1本（50g）

キャベツ——1枚（50g）

酒——小さじ1

塩・こしょう——各少々

A｜ポン酢しょうゆ——小さじ2
　｜白すりごま——大さじ1/2
　｜ごま油——小さじ1

下準備

・キャベツは3cm四方に切る。

作り方

1　耐熱皿にキャベツ、鶏ささみ肉を順にのせて酒、塩、こしょうをふり、ふんわりとラップをして電子レンジで2分加熱する。

2　粗熱が取れたら鶏ささみ肉を食べやすい大きさにほぐし、キャベツは水けをきる。ボウルに入れてAを加えて和える。

調味料はまんべんなくぬって味を均等に！

鶏ささみの いんげんみそロール

| みそ味 | ⏱10分 | 133kcal |

材料（1人分）

鶏ささみ肉——小2本（100g）

さやいんげん——3本

A｜みそ——大さじ1/2
　｜砂糖——小さじ1

下準備

・鶏ささみ肉は観音開きにする。

・さやいんげんは長さを半分に切る。

・Aは混ぜ合わせる。

作り方

1　鶏ささみ肉を縦長に広げて全面にAをぬり、手前にさやいんげんをのせ、手前から奥にくるくる巻いて爪楊枝で留める。同様にもう1個作る。

2　耐熱皿にのせてふんわりとラップをし、電子レンジで2分加熱する。

アレンジ

・みそと砂糖をちぎった梅干しに変えて

・いんげんをアスパラやセロリ、にんじんに変えて

鶏ささみ肉

のりとわさびじょうゆの相性抜群！

鶏ささみの
わさびのり焼き

鶏肉がしっとりおいしい

鶏ささみと小松菜の
スープ煮

しょうゆ味	⏱10分	79kcal

材料（1人分）

鶏ささみ肉……1本（70g）

A｜しょうゆ……小さじ1
｜わさび……小さじ1/4

焼きのり（全形）……1/4枚

下準備

・鶏ささみ肉は5等分のそぎ切りにする。

・焼きのりは5等分の短冊切りにする。

・ボウルにAを入れて混ぜ合わせ、鶏ささみ肉にからめて焼きのりを巻く。

作り方

1 天板にアルミホイルを敷き、鶏ささみ肉をのせる。トースターで5分ほど焼く。

┌─────────────────────┐
アレンジ

・わさびを練りがらしに変えて

・鶏ささみ肉を鮭に変えて

・仕上げに白いりごまをふって風味アップ
└─────────────────────┘

コンソメ味	⏱10分	69kcal

材料（1人分）

鶏ささみ肉……小1本（50g）

小麦粉……適量

小松菜……1株

A｜水……80ml
｜洋風スープの素……小さじ1/2
｜塩・こしょう……各少々

下準備

・鶏ささみ肉は一口大のそぎ切りにし、小麦粉をまぶす。

・小松菜は3cm長さに切る。

作り方

1 鍋にAを入れて中火で熱し、沸騰したら鶏ささみ肉、小松菜を加える。弱火にして蓋をし、火が通るまで4〜5分煮る。

※お弁当箱に詰める際は、汁けをよくきる。

┌─────────────────────┐
アレンジ

・小松菜をキャベツやブロッコリーに変えて

・鶏ささみ肉を豚しゃぶしゃぶ用肉に変えて

・カレー粉を加えてスパイシーに
└─────────────────────┘

さっぱり梅ダレがよく合う！
鶏ささみときゅうりの梅ダレ

濃厚な味わいが後を引く！
鶏ささみとアスパラ、コーンのナンプラーバターソテー

梅味	67kcal	冷蔵4日

材料（4人分）

鶏ささみ肉——小4本（200g）
A｜酒——小さじ1
　｜塩——小さじ1/8
　｜こしょう——少々
きゅうり——1本
塩——小さじ1/4
梅干し——1個
B｜ごま油——大さじ1/2
　｜塩——少々

下準備

・耐熱皿に鶏ささみ肉をのせてAをからめ、ふんわりとラップをして火が通るまで電子レンジで3分加熱する。粗熱が取れたら食べやすい大きさにほぐす。
・きゅうりは5mm幅の斜め切りにしてボウルに入れ、塩を揉み込む。しんなりしたら水けを絞る。
・梅干しは種を取り除いて叩く。

作り方

1 ボウルに鶏ささみ肉、きゅうり、梅干し、Bを入れて和える。

> **アレンジ**
> ・そうめんのトッピングに
> ・わかめをプラスしてボリュームアップ

ナンプラー味	88kcal	冷蔵4日

材料（4人分）

鶏ささみ肉——小4本（200g）
塩——小さじ1/4
こしょう——少々
アスパラガス——3本
ホールコーン缶——1缶（65g）
A｜酒——大さじ1
　｜ナンプラー——小さじ2
バター——10g

下準備

・鶏ささみ肉は小さめの一口大に切って塩、こしょうをふる。
・アスパラガスはピーラーで下1/3くらいの皮をむき、3cm長さに切る。
・コーンは汁けをきる。

作り方

1 フライパンにバターを中火で熱し、鶏ささみ肉を入れて色が変わるまで炒める。

2 アスパラガス、コーンを加えて炒め、しんなりしたらAを加えてからめる。

ピリッとくるザーサイの塩辛さがアクセントに！

鶏ささみとチンゲン菜の
ピリ辛ザーサイ蒸し

ピリ辛味	80kcal	冷凍3週間

材料（4人分）

鶏ささみ肉……小4本（200g）

チンゲン菜……1株

しいたけ……2個

ザーサイ……40g

A
酒……小さじ4
ごま油……小さじ2
鶏がらスープの素……小さじ1
豆板醤……小さじ1/2
塩……小さじ1/4
こしょう……少々

下準備

・鶏ささみ肉は小さめのそぎ切りにする。

・チンゲン菜は2cm長さに切り、大きければ縦半分に切る。しいたけは5mm幅に切り、ザーサイは細切りにする。

・ボウルにAとザーサイを入れて混ぜ合わせ、鶏ささみ肉に揉み込む。

作り方

1 冷凍用保存袋に鶏ささみ肉を4等分に分けて入れる。

2 1にチンゲン菜、しいたけを4等分に分けて加え、空気を抜いて平らにならし、口を閉じて冷凍する。

↓

凍ったまま調理

↓

レンジ加熱　　⏱5分 | 80kcal

作り方

中身を耐熱皿に取り出し、ふんわりとラップをして電子レンジで4分加熱し、さっと混ぜる。

ごはんが止まらない
おいしさ！

アレンジ

・白すりごまをふって風味アップ

・小麦粉、片栗粉、水と混ぜてチヂミに

・ごはんと炒めてチャーハンに

鶏ささみ肉

子どもが大好きなケチャップ＆マヨネーズで！

鶏ささみのケチャマヨ漬け

| トマトケチャップ味 | 102kcal | 冷凍3週間 |

材料（4人分）

鶏ささみ肉——4本（280g）
A トマトケチャップ・マヨネーズ——各小さじ4
　　塩——小さじ1/2

下準備
・鶏ささみ肉は6〜7cm長さの棒状に切る。
・ボウルにAを入れて混ぜ合わせ、鶏ささみ肉にからめる。

作り方

1 冷凍用保存袋に鶏ささみ肉を4等分に分けて入れる。空気を抜いて平らにならし、口を閉じて冷凍する。

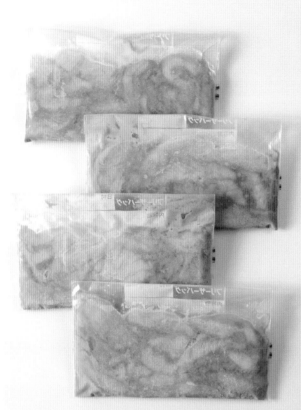

自然解凍

前日に冷蔵庫に移して自然解凍。

揚げる

| ⏱5分 | 143kcal |

鶏ささみのケチャマヨ揚げ

材料と作り方（1人分）
1 解凍した鶏ささみのケチャマヨ漬けに片栗粉（適量）をまぶす。
2 フライパンに揚げ油を底から1cm高さに入れて170℃に熱し、1を入れて3分ほど揚げ焼きにする。

炒める

鶏ささみとピーマンのケチャマヨ炒め

| ⏱8分 |
| 143kcal |

材料と作り方（1人分）
1 フライパンにサラダ油（小さじ1）を中火で熱し、解凍した鶏ささみのケチャマヨ漬けを入れて火が通るまで炒める。
2 ピーマン（1個→5mm幅の細切り）を加えてさっと炒め、塩（少々）を加えてからめる。

おいしくてごはんが進む！

肉野菜炒め

| しょうゆ味 | ⏱8分 | 168kcal |

材料（1人分）

豚こま切れ肉——50g

A｜酒・片栗粉——各小さじ1/2
｜塩・こしょう——各少々

ピーマン——1/2個

もやし——1/4袋

B｜しょうゆ・酒——各小さじ1

サラダ油——小さじ1

下準備

・豚肉は一口大に切って**A**を揉み込む。

・ピーマンは横に5mm幅の細切りに、もやしはひげ根を取る。

作り方

1 フライパンに油を中火で熱し、豚肉を入れて色が変わるまで炒める。

2 ピーマン、もやしを加えて炒め、しんなりしたら**B**を加えてからめる。

豚肉は3つ折りにして食べ応えアップ！

豚肉のチーズフライ

| チーズ味 | ⏱10分 | 299kcal |

材料（1人分）

豚ロース薄切り肉——3枚（60g）

スライスチーズ——1枚

塩・こしょう——各少々

A｜水・小麦粉——各大さじ1/2

パン粉——適量

揚げ油・中濃ソース——各適量

下準備

・チーズは3等分に切り、それぞれを半分に折りたたむ。

・豚肉に塩、こしょうをふる。

・豚肉1枚にチーズ1切れをのせて3つ折りにする。ボウルに**A**を入れて混ぜ合わせ、豚肉にからめてパン粉をまぶす。同様にもう2個作る。

・中濃ソースは密閉容器に入れる。

作り方

1 フライパンに油を底から5mm高さに入れて170℃に熱し、豚肉を入れて3分ほど揚げ焼きにする。中濃ソースをかけていただく。

オクラと梅のさっぱりおかず！
オクラの梅しそ肉巻き

| 梅味 | ⏱8分 | 175kcal |

材料（1人分）
豚ロース薄切り肉——3枚（60g）
オクラ——3本
青じそ——3枚
梅干し——1/2個
塩・こしょう——各少々

下準備
・オクラはガクを取り除き、青じそは半分に切る。
・梅干しは種を取り除いてちぎる。

作り方
1 豚肉1枚に塩、こしょうをふり、青じそ1枚分、3等分にした梅干し、オクラ1本をのせて巻く。同様にもう2個作る。

2 耐熱皿にのせてふんわりとラップをし、電子レンジで2分加熱する。

アレンジ
・青じそを焼きのりに変えて
・オクラをいんげんやスナップえんどうに変えて

春菊の香りが口いっぱいに広がる！
豚肉と春菊のさっと煮

| しょうゆ味 | ⏱5分 | 180kcal |

材料（1人分）
豚ロースしゃぶしゃぶ用肉——60g
春菊——20g
A｜酒——大さじ1/2
　｜しょうゆ——小さじ1
　｜塩——少々

下準備
・豚肉は一口大に切る。
・春菊は3cm長さに切る。
・Aは混ぜ合わせる。

作り方
1 耐熱ボウルにA、豚肉を入れて揉み込み、春菊をのせる。

2 ふんわりとラップをして電子レンジで1分30秒加熱し、全体をさっと混ぜる。

アレンジ
・豚肉を一口大に切って片栗粉をまぶした鶏むね肉に変えて

時短＆作りおき

61

豚こま切れ・薄切り肉

一度食べたら止まらない！

豚こまのねぎマヨ焼き

| マヨネーズ味 | ⏱10分 | 259kcal |

材料（1人分）

豚こま切れ肉──100g

A｜酒──小さじ1/2

　｜にんにく（すりおろし）・塩・こしょう──各少々

小ねぎ（小口切り）──2本分

マヨネーズ──大さじ1/2

下準備

・豚肉は大きければ一口大に切る。

・ボウルにAを入れて混ぜ合わせ、豚肉にからめる。

・小ねぎはマヨネーズと混ぜ合わせる。

作り方

1 天板にアルミホイルを敷き、豚肉を薄く広げる。ねぎマヨネーズをのせて8分ほど焼き、食べやすい大きさに切る。

アレンジ

・小ねぎを青じそに変えて

・Aの調味料にカレー粉を加えてスパイシーに

・マヨネーズにみそを加えて

ふわっと香るからしとポン酢でさっぱりと！

豚肉とレタス、わかめのさっぱり和え

| ポン酢しょうゆ味 | ⏱8分 | 163kcal |

材料（1人分）

豚ロースしゃぶしゃぶ用肉──50g

レタス──1/2枚（20g）

わかめ（乾燥）──小さじ1/2

A｜ポン酢しょうゆ──小さじ2

　｜練りからし──小さじ1/4

酒──大さじ1

下準備

・レタスは食べやすくちぎる。

・わかめは水に5分ほどつけて戻し、水けをきる。

・ボウルにAを入れて混ぜ合わせる。

作り方

1 鍋に湯を沸かし、レタスを入れて中火でさっとゆで、一度取り出す。同じ湯に酒を加えて弱火にし、豚肉を入れて色が変わるまでさっとゆで、ざるにあげる。

2 混ぜ合わせたAに1、わかめを加えてさっと和える。

ごぼうの食感とカレーの風味を楽しんで！

豚こまとごぼうの
カレーから揚げ

濃厚なケチャップ味でもりもり食べられる！

ポークチャップ

カレー味	185kcal	冷蔵4日

材料（4人分）

豚こま切れ肉——150g
ごぼう——1/2本

A｜しょうゆ・酒
　｜　——各大さじ1
　｜カレー粉——大さじ1/2

B｜溶き卵——1個分
　｜片栗粉——大さじ5

揚げ油——適量

下準備

・ごぼうはピーラーで10cm長さの薄切りにし、水に5分ほどさらして水けをきる。

・ボウルにAを入れて混ぜ合わせ、豚肉に揉み込む。ごぼうを加えてさっと混ぜ、Bを加えてさらに混ぜ合わせる。

作り方

1 フライパンに油を170℃に熱し、豚肉とごぼうを合わせたものを1/12量ずつ入れる。

2 途中で返しながら4〜5分揚げ焼きにし、火が通ったら取り出す。

トマトケチャップ味	157kcal	冷蔵4日

材料（4人分）

豚こま切れ肉——200g
小麦粉——適量
玉ねぎ——1/4個
しめじ——100g

A｜トマトケチャップ・
　｜ウスターソース・酒
　｜　——各大さじ1と1/2
　｜砂糖——小さじ1

サラダ油——大さじ1/2

下準備

・豚肉は大きければ一口大に切り、小麦粉をまぶす。

・玉ねぎは2〜3mm幅の薄切りに、しめじは小房に分ける。

・Aは混ぜ合わせる。

作り方

1 フライパンに油を中火で熱し、豚肉を入れて色が変わるまで炒める。

2 玉ねぎ、しめじを加えて炒め、しんなりしたらAを加えてからめる。

豚肉に調味料をしっかりからめて！

回鍋肉（ホイ コー ロー）

ピリ辛味	185kcal	冷凍3週間

材料（4人分）

豚こま切れ肉——240g
キャベツ——4枚（200g）
にんじん——1/2本

A
みそ——大さじ2と1/2
砂糖・酒——各小さじ4
片栗粉——小さじ1
豆板醤——小さじ1/2

下準備

・豚肉は大きければ一口大に切る。

・キャベツは3cm四方に切り、にんじんは5mm幅のいちょう切りにする。

・ボウルにAを入れて混ぜ合わせ、豚肉に揉み込む。

作り方

1 冷凍用保存袋に豚肉を4等分に分けて入れる。

2 1にキャベツ、にんじんを4等分に分けて加え、空気を抜いて平らにならし、口を閉じて冷凍する。

↓

凍ったまま調理

↓

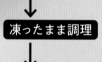

レンジ加熱　　　　　　　⏱5分 | 185kcal

作り方

中身を耐熱皿に取り出し、ふんわりとラップをして電子レンジで3分加熱し、全体をよく混ぜる。

味つけが
しっかりしていて
ごはんによく合う

アレンジ

・だし汁を加えてみそ汁風に

・厚揚げを入れてボリュームアップ

・うどんと炒めて焼きうどんに

豚こま切れ・薄切り肉

シンプルな味つけでいろいろなアレンジを楽しめる！

豚肉の甘辛漬け

甘辛味	196kcal	冷凍3週間

材料（4人分）

豚こま切れ肉──400g

A｜しょうゆ・酒──各大さじ2
　｜砂糖──小さじ4

下準備

・豚肉は大きければ一口大に切る。

・ボウルにAを入れて混ぜ合わせ、豚肉に揉み込む。

作り方

1 冷凍用保存袋に豚肉を4等分に分けて入れる。空気を抜いて平らにならし、口を閉じて冷凍する。

自然解凍

前日に冷蔵庫に移して自然解凍。

時短＆作りおき

炒める

豚肉のしょうが焼き

⏱5分	245kcal

材料と作り方（1人分）

1 フライパンにサラダ油（小さじ1）を中火で熱し、解凍した豚肉の甘辛漬けを入れて色が変わるまで炒める。

2 玉ねぎ（1/6個→2〜3mm幅の薄切り）、しょうが（1かけ→すりおろす）を加え、汁けが少なくなるまで炒める。

炒める

⏱7分	272kcal

豚肉とかぼちゃのさっぱり炒め

材料と作り方（1人分）

1 かぼちゃ（50g→1cm幅の一口大に切る）を耐熱皿にのせ、ふんわりとラップをして電子レンジで1分加熱する。

2 フライパンにサラダ油（小さじ1）を中火で熱し、解凍した豚肉の甘辛漬けを入れて色が変わるまで炒める。

3 かぼちゃを加えて炒め、酢（小さじ1）を加えて炒め合わせる。

豚とんかつ用肉

食べやすい大きさに切って詰めて！

トンテキ

トマトケチャップ味	⏱8分	348kcal

材料（1人分）

豚とんかつ用肉——1枚（100g）

A｜塩・こしょう——各少々
　｜小麦粉——適量

B｜トマトケチャップ・ウスターソース——各大さじ1/2
　｜酒——小さじ1
　｜砂糖——小さじ1/4

サラダ油——小さじ1

下準備

・豚肉は筋切りし、Aを順にまぶす。

・Bは混ぜ合わせる。

作り方

1　フライパンに油を中火で熱し、豚肉を入れて焼き色がつくまで2分ほど焼く。

2　豚肉を裏返して弱火にし、さらに2分ほど焼く。Bを加えてからめる。

甘酢っぱいタレが食欲をそそる！

黒酢酢豚

酸味	⏱9分	230kcal

材料（1人分）

豚とんかつ用肉
　——1/2枚（50g）

A｜塩・こしょう——各少々
　｜片栗粉——適量

なす——1/2本

ピーマン——1/2個

B｜酒——小さじ2
　｜砂糖・黒酢・しょうゆ
　｜　——各大さじ1/2
　｜片栗粉——小さじ1/4

サラダ油——小さじ1

下準備

・豚肉は小さめの一口大に切り、Aを順にまぶす。

・なす、ピーマンは小さめの乱切りにし、なすはさっと水にさらして水けをきる。

・Bは混ぜ合わせる。

作り方

1　フライパンに油を中火で熱し、豚肉を入れて焼き色がつくまで2分ほど焼く。

2　豚肉を裏返し、なす、ピーマンを加えて炒める。しんなりしたらBを加えてからめる。

さわやかな味つけでいくらでも食べられる！

豚肉とかぼちゃの
レモンマリネ

酸味	⏱8分	216kcal

材料（1人分）

豚とんかつ用肉——1/2枚（50g）

A｜塩・こしょう——各少々
　｜酒——小さじ1

かぼちゃ——30g

ミニトマト——2個

B｜しょうゆ・オリーブ油——各小さじ1
　｜しょうが（みじん切り）・レモン汁——各小さじ1/2

下準備

・豚肉は一口大に切り、Aを順にからめる。

・かぼちゃは1cm幅の一口大に切り、ミニトマトは半分に切る。

作り方

1　耐熱皿に豚肉、かぼちゃをのせてふんわりとラップをし、電子レンジで1分30秒加熱する。

2　水けをきり、B、ミニトマトを加えてからめる。

やわらかい豚肉とオクラの食感がたまらない！

豚肉とオクラの
ゆずこしょう和え

ゆずこしょう味	⏱5分	179kcal

材料（1人分）

豚とんかつ用肉——1/2枚（50g）

オクラ——2本

A｜ごま油——小さじ1
　｜ゆずこしょう——小さじ1/4
　｜塩——少々

下準備

・豚肉は一口大に切る。

・オクラは斜め3等分に切る。

作り方

1　豚肉、オクラを耐熱皿に入れてふんわりとラップをし、電子レンジで1分加熱する。

2　水けをきり、Aを加えて和える。

> **アレンジ**
> ・ゆずこしょうを白すりごまに変えてナムル風に
> ・豚とんかつ用肉を鮭やめかじきに変えて
> ・オクラをかぶに変えて

やみつきになるソースをたっぷりのせて！

豚肉の明太タルタル焼き

ナンプラーが香るエスニック風煮物

豚肉と白菜のビネガー煮

マヨネーズ味	⏱10分	378kcal

材料（1人分）
豚とんかつ用肉——1枚（100g）
塩・こしょう——各少々
ゆで卵——1/2個
A｜マヨネーズ——小さじ2
　｜明太子——大さじ1/2

下準備
・豚肉は一口大に切り、塩、こしょうをふる。
・ボウルにゆで卵を入れてつぶし、**A**を加えて混ぜ、豚肉の上にのせる。

作り方
1　天板にアルミホイルを敷き、豚肉を並べる。トースターで7分ほど焼く。

> **アレンジ**
> ・明太子をゆずこしょうや刻みねぎに変えて
> ・豚肉を鶏むね肉や鮭に変えて
> ・豚肉をレンチンしたじゃがいもに変えて

ナンプラー味	⏱10分	206kcal

材料（1人分）
豚とんかつ用肉
　——1/2枚（50g）
塩・こしょう——各少々
白菜——1/2枚（40g）
れんこん——30g

A｜水——1/4カップ
　｜ナンプラー・酢・酒
　｜——各小さじ1
　｜こしょう——少々
サラダ油——小さじ1

下準備
・豚肉は一口大に切り、塩、こしょうをふる。
・白菜は一口大のそぎ切りにする。れんこんは5mm幅のいちょう切りにし、さっと水にさらして水けをきる。

作り方
1　鍋に油を中火で熱し、豚肉を入れて焼き色がつくまで焼く。

2　豚肉を裏返し、白菜、れんこんを加えてさっと炒める。

3　**A**を加えて沸騰したら弱火にし、汁けが少なくなるまで7〜8分煮る。

がっつりボリュームのあるお弁当にどうぞ！

チャーシュー

甘辛味	311kcal	冷蔵4日

材料（4人分）

豚とんかつ用肉——4枚（400g）

A｜ しょうゆ——大さじ2
　｜ 酒——大さじ1
　｜ はちみつ——小さじ2
　｜ にんにく（すりおろし）——小さじ1/2

サラダ油——大さじ1/2

下準備

・豚肉はフォークで全体に穴をあけ、Aを加えて揉み込む。

作り方

1 フライパンに油を中火で熱し、タレをきった豚肉を並べ入れる。

2 豚肉の両面を2分ずつ焼き、残ったタレを加えて煮からめる。

アレンジ

・レタスやきゅうりなどと一緒にパンで挟んでサンドイッチに

豚肉は焼き色がつくまで焼いて香ばしく！

ポークビーンズ

トマト味	192kcal	冷蔵4日

材料（4人分）

豚とんかつ用肉——2枚（200g）

塩——小さじ1/4

こしょう——少々

玉ねぎ——1/4個

蒸し大豆——50g

にんにく（みじん切り）——1かけ分

A｜ ホールトマト缶——1/2缶（200g）
　｜ 酒——大さじ2
　｜ 砂糖——小さじ1/2
　｜ 塩——小さじ1/4
　｜ こしょう——少々

オリーブ油——大さじ1/2

下準備

・豚肉は2〜3cm角に切り、塩、こしょうをふる。

・玉ねぎは2cm角に切る。

作り方

1 フライパンに油を中火で熱し、豚肉を入れて焼き色がつくまで2〜3分焼く。

2 にんにく、玉ねぎを加えて香りが出るまで炒め、大豆、Aを加えてトマトをつぶす。

3 沸騰したら弱火にし、7〜8分煮る。

時短＆作りおき

赤と黄のパプリカを加えて彩りきれいに！

豚肉とパプリカの
マスタード蒸し

マスタード味	206kcal	冷凍3週間

材料（4人分）

豚とんかつ用肉——2枚（200g）

パプリカ（赤・黄）——各1/2個

A｜粒マスタード・白ワイン・オリーブ油——各大さじ1と1/2
　｜塩——小さじ1/2
　｜粗びき黒こしょう——少々

下準備

・豚肉は一口大に切る。

・ボウルにAを入れて混ぜ合わせ、豚肉に揉み込む。

・パプリカは小さめの乱切りにする。

作り方

1　冷凍用保存袋に豚肉を4等分に分けて入れる。

2　1にパプリカを4等分に分けて加え、空気を抜いて平らにならし、口を閉じて冷凍する。

↓

凍ったまま調理

↓

レンジ加熱　　🕐5分　206kcal

作り方

中身を耐熱皿に取り出し、ふんわりとラップをして電子レンジで3分加熱する。

豚肉が
プリッとしていて
やわらかい！

アレンジ

・粉チーズをかけてコク深い味わいに

・塩揉みしたセロリを混ぜてサラダ仕立てに

・卵に混ぜてスパニッシュオムレツ風に

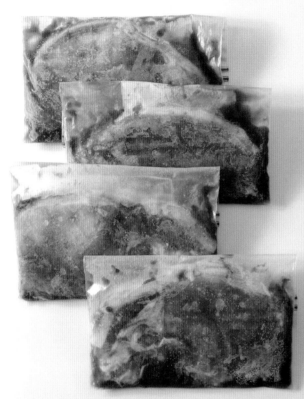

豚肉は筋切りをするとそり返らずにきれいに焼ける！

豚肉のみそ漬け

みそ味	334kcal	冷凍3週間

材料（4人分）

豚とんかつ用肉──4枚（400g）

A｜みそ──大さじ4
　｜砂糖──大さじ2と1/2
　｜酒──小さじ4

下準備

・豚肉は筋切りする。

・ボウルにAを入れて混ぜ合わせ、豚肉にからめる。

作り方

1 冷凍用保存袋に豚肉を4等分に分けて入れる。空気を抜いて平らにならし、口を閉じて冷凍する。

自然解凍

前日に冷蔵庫に移して自然解凍。

焼く ⏱5分 321kcal

豚肉のみそ漬け焼き

材料と作り方（1人分）

1 解凍した豚肉のみそ漬けはみそダレを軽く拭き取る。

2 フライパンにサラダ油（小さじ1/2）を中火で熱し、1を入れて焼き色がつくまで2分ほど焼く。

3 豚肉を裏返して弱火にし、さらに2分ほど焼く。

レンジ加熱 ⏱5分 379kcal

豚肉と野菜のみそバター蒸し

材料と作り方（1人分）

1 解凍した豚肉のみそ漬けは一口大に切る。

2 耐熱皿にキャベツ（1枚→3cm四方に切る）、小ねぎ（1本→3cm長さに切る）、豚肉、バター（5g）をのせてふんわりとラップをし、電子レンジで1分30秒加熱する。

牛もも切り落とし肉

みそマヨでコク深い味わい！

牛肉とオクラの みそマヨ炒め

みそ味	⏱8分	157kcal

材料（1人分）

牛もも切り落とし肉——50g

オクラ——2本

A | マヨネーズ——大さじ1/2
　| みそ——小さじ1/4

サラダ油——小さじ1

下準備

・牛肉は一口大に切る。

・オクラは2cm幅の小口切りにする。

・Aは混ぜ合わせる。

作り方

1 フライパンに油を中火で熱して牛肉を入れ、色が変わるまで炒める。

2 オクラを加えてしんなりするまで炒め、Aを加えてからめる。

> **アレンジ**
> ・オクラをブロッコリーやカリフラワーに変えて
> ・みそ味をしょうゆ味やカレー味に

中からひょっこり見えるトマトがかわいい！

ミニトマトの牛肉巻き

しょうゆ味	⏱8分	147kcal

材料（1人分）

牛もも切り落とし肉——大3枚

ミニトマト——3個

A | しょうゆ・酒——各小さじ1

サラダ油——小さじ1

下準備

・牛肉を広げ、ミニトマトをのせて巻く。

作り方

1 フライパンに油を中火で熱し、巻き終わりを下にして牛肉を入れ、牛肉を転がしながら火が通るまで焼く。

2 Aを加えてからめる。

> **アレンジ**
> ・牛肉を豚薄切り肉に変えて
> ・ミニトマトをかぼちゃやアスパラに変えて
> ・調味料に粒マスタードを加えて味のアクセントに

梅の酸味がよく合う!
牛肉と長ねぎの梅煮

梅味	⏱8分	169kcal

材料（1人分）

牛もも切り落とし肉——80g

長ねぎ（5㎜幅の斜め薄切り）——1/4本分

梅干し——1/2個

A｜みりん——小さじ2
　｜しょうゆ——大さじ1/2
　｜酒——小さじ1

下準備

・牛肉は一口大に切る。

・梅干しは種を取り除いてちぎる。

作り方

1 耐熱ボウルにAを入れて混ぜ合わせ、牛肉、長ねぎ、梅干しを加える。

2 ふんわりとラップをして電子レンジで2分加熱し、全体をさっと混ぜる。

アレンジ
・長ねぎをれんこんや長いもに変えて
・牛肉を豚こま切れ肉や鮭に変えて

パプリカの甘みが口に広がる!
プルコギ

塩味	⏱6分	102kcal

材料（1人分）

牛もも切り落とし肉——50g

A｜白いりごま・酒——各小さじ1/2
　｜塩・片栗粉——各小さじ1/8
　｜にんにく（すりおろし）・こしょう——各少々

パプリカ（黄）——1/4個

小ねぎ（3㎝長さに切る）——1本

下準備

・牛肉は一口大に切る。

・ボウルにAを入れて混ぜ合わせ、牛肉に揉み込む。

・パプリカは5㎜の細切りにし、長さを半分に切る。

作り方

1 耐熱皿にパプリカ、小ねぎをのせ、その上に牛肉を広げる。

2 ふんわりとラップをして電子レンジで1分30秒加熱する。

牛肉は丸めて食べ応えアップ！

牛肉とズッキーニの
ケチャップグリル

粉チーズで深みのある味に！

牛肉と豆苗の
チーズマリネ

トマトケチャップ味	⏱10分	139kcal

材料（1人分）

牛もも切り落とし肉——80g

ズッキーニ——30g

A ｜ トマトケチャップ——小さじ2

　　｜ カレー粉——小さじ1/2

　　｜ 塩・こしょう——各少々

下準備

・牛肉は一口大に切る。

・ボウルに**A**を入れて混ぜ合わせ、牛肉に揉み込む。

・ズッキーニは1cm幅の半月切りにする。

作り方

1 天板にアルミホイルを敷き、4等分にしてぎゅっと丸めた牛肉、ズッキーニを並べる。

2 トースターで8分ほど焼く。

アレンジ

・牛肉をひき肉に変えて

・ズッキーニをさつまいもやブロッコリーに変えて

・カレー粉をすりおろしたにんにくに変えて

チーズ味	⏱8分	140kcal

材料（1人分）

牛もも切り落とし肉——50g

豆苗——25g

酒——大さじ1

A ｜ 粉チーズ・オリーブ油——各小さじ1

　　｜ 酢——小さじ1/2

　　｜ 塩・こしょう——各少々

下準備

・牛肉は一口大に切る。

・豆苗は3等分に切る。

・**A**は混ぜ合わせる。

作り方

1 鍋に湯を沸かし、豆苗を入れて中火でさっとゆで、ざるにあげる。同じ湯に酒を加えて弱火にし、牛肉を入れて色が変わるまでさっとゆで、ざるにあげる。

2 ボウルに**A**、1を入れてさっと和える。

牛肉の旨みがごぼうにしみ込む!

牛肉とごぼうのしぐれ煮

甘辛味	123kcal	冷蔵4日

材料(4人分)

牛もも切り落とし肉
——200g
ごぼう——50g

A 水——1/2カップ
みりん——大さじ1と1/2
しょうゆ・酒——各大さじ1
砂糖——小さじ2
サラダ油——大さじ1/2

下準備

・牛肉は一口大に切る。
・ごぼうは2〜3mm幅の斜め切りにし、さっと水にさらして水けをきる。

作り方

1 鍋に油を中火で熱し、牛肉を入れて色が変わるまで炒める。

2 ごぼうを加えて炒め、油が回ったらAを加える。

3 沸騰したらアクを取り除き、落とし蓋をして弱火にし、汁けが少なくなるまで煮る。

汁けがなくなるまでしっかり炒めて!

チャプチェ

甘辛味	107kcal	冷蔵4日

材料(4人分)

牛もも切り落とし肉
——100g
塩・こしょう——各少々
パプリカ(赤)——1/4個
にら——1/4袋
春雨——30g

A 水——1/4カップ
しょうゆ——大さじ1と1/2
白いりごま・砂糖・酒
——各大さじ1
にんにく(すりおろし)
——小さじ1/2
ごま油——大さじ1/2

下準備

・牛肉は一口大に切り、塩、こしょうをふる。
・パプリカは5mm幅の薄切りにし、長さを半分に切る。にらは3cm長さに切る。
・春雨は湯(分量外)で戻し、食べやすい長さに切る。

作り方

1 フライパンに油を中火で熱し、牛肉を入れて色が変わるまで炒める。

2 パプリカを加えて炒め、油が回ったらAを加える。

3 沸騰したら春雨を加えて弱火にし、汁けがなくなるまで炒め、にらを加えてさっと炒め合わせる。

2つの食材で簡単に作れる！

青椒肉絲
（チンジャオロースー）

オイスターソース味	131kcal	冷凍3週間

材料（4人分）

牛もも切り落とし肉——300g
ピーマン——4個

A オイスターソース——大さじ2
砂糖——小さじ1
片栗粉——小さじ1/2

下準備

・牛肉は一口大に切る。
・ボウルにAを入れて混ぜ合わせ、牛肉にからめる。
・ピーマンは5mm幅の細切りにする。

作り方

1 冷凍用保存袋に牛肉を4等分に分けて入れる。

2 1にピーマンを4等分に分けて加え、空気を抜いて平らにならし、口を閉じて冷凍する。

↓

凍ったまま調理

↓

レンジ加熱　　　⏱5分　131kcal

作り方

中身を耐熱皿に取り出し、ふんわりとラップをして電子レンジで4分加熱し、全体をさっと混ぜる。

片栗粉も入っているからレンチンしてすぐに完成！

アレンジ

・春巻きの皮で包んで焼いて
・さっとゆでた春雨を加えて
・あんかけにしてごはんにかけて

炒め物にも煮物にもぴったり！

牛肉のソース漬け

| ソース味 | 108kcal | 冷凍3週間 |

材料（4人分）

牛もも切り落とし肉——240g

A｜ウスターソース——大さじ2と1/2
　｜酒——大さじ1
　｜砂糖——小さじ1

下準備

・牛肉は大きければ一口大に切る。

・ボウルにAを入れて混ぜ合わせ、牛肉に揉み込む。

作り方

1　冷凍用保存袋に牛肉を4等分に分けて入れる。空気を抜いて平らにならし、口を閉じて冷凍する。

自然解凍

前日に冷蔵庫に移して自然解凍。

時短＆作りおき

炒める

煮る

⏱10分｜194kcal

牛肉とキャベツ、もやしのお好み炒め

⏱5分
156kcal

材料と作り方（1人分）

1　フライパンにサラダ油（小さじ1）を中火で熱し、解凍した牛肉のソース漬けを入れて色が変わるまで炒める。

2　キャベツ（1/2枚→3cm四方に切る）、もやし（40g）を加えて炒め、しんなりしたら紅しょうが（大さじ1/2→粗みじん切り）、塩（少々）を加えてさっと炒める。

牛肉とさつまいものソース煮

材料と作り方（1人分）

1　鍋にサラダ油（小さじ1）を中火で熱し、解凍した牛肉のソース漬けを入れて色が変わるまで炒める。

2　水（1/2カップ）を加えて沸騰したらアクを取る。さつまいも（40g→1cm幅のいちょう切りにし、さっと水にさらして水けをきる）を加えて弱火にし、火が通るまで7〜8分煮る。

ひ
き
肉

味がしっかりついているからそのままでおいしい！

ナゲット

| チーズ味 | ⏱8分 | 281kcal |

材料（1人分）

鶏ひき肉——100g

A｜ 粉チーズ——大さじ1/2

　｜ マヨネーズ・小麦粉——各小さじ1

　｜ にんにく（すりおろし）・塩・こしょう——各少々

小麦粉・揚げ油——各適量

下準備

・ボウルにひき肉、Aを入れてよく練り混ぜる。

・4等分に分けて小判形に成形し、小麦粉を薄くまぶす。

作り方

1 フライパンに油を底から1cm高さに入れて170℃に熱し、肉だねを入れて2〜3分揚げ焼きにする。

アレンジ

・肉だねにホールコーンを加えて

・肉だねに戻したひじきを加えて

・肉だねにみじん切りにしたパセリを加えて

長いもの歯応えも楽しめる！

ひき肉と長いもの
落とし焼き

| ポン酢しょうゆ味 | ⏱8分 | 162kcal |

材料（1人分）

鶏ひき肉——50g

長いも——40g

A｜ 片栗粉——小さじ1

　｜ 塩——少々

ポン酢しょうゆ——大さじ1/2

ごま油——小さじ1

下準備

・長いもはポリ袋に入れて叩く。ひき肉、Aを加えて混ぜ合わせる。

作り方

1 フライパンに油を中火で熱し、ひき肉を1/3量ずつ落とし入れ、焼き色がつくまで2分ほど焼く。

2 裏返して弱火にし、さらに1〜2分焼き、ポン酢しょうゆを加えてさっとからめる。

アレンジ

・長いもを刻んだれんこんやにらに変えて

・ポン酢しょうゆをめんつゆに変えて

パリパリ食感！中からチーズがとろっとあふれる！

ひき肉チーズの揚げワンタン

カレー味	⏱8分	167kcal

材料（1人分）

豚ひき肉——30g

A｜カレー粉・酒——各小さじ1/2
　｜塩・こしょう——各少々

プロセスチーズ——1個（12g）

ワンタンの皮——5枚

揚げ油——適量

下準備

・チーズは1cm角に切る。

・ボウルにひき肉、Aを入れてよく混ぜ、チーズを加えてさっと混ぜる。

・1/5量ずつワンタンの皮にのせ、ふちに水（分量外）をつけて三角に包む。

作り方

1 フライパンに油を底から1cm高さに入れて170℃に熱し、ワンタンを入れて2分ほど揚げ焼きにする。

キムチの辛味でごはんが進む！

ひき肉とかぼちゃのキムチ炒め

キムチ味	⏱10分	220kcal

材料（1人分）

合いびき肉——60g

かぼちゃ——50g

キムチ——20g

しょうゆ——小さじ1/2

サラダ油——小さじ1

下準備

・かぼちゃは1cm幅の一口大に切り、耐熱皿にのせてふんわりとラップをして電子レンジで1分加熱する。

・キムチはざく切りにする。

作り方

1 フライパンに油を中火で熱し、ひき肉を入れて焼きつけるように炒める。焼き色がついたら大きめにほぐしながら火が通るまで炒める。

2 かぼちゃ、キムチを加えてさっと炒め、しょうゆを加えてさっと炒め合わせる。

インパクトのある見た目で子どもが喜ぶ!

しいたけの肉詰め

ころっとしたサイズ感がかわいい!

コーンチーズつくね

しょうゆ味	⏱10分	122kcal

材料(1人分)

鶏ひき肉——50g

しいたけ——3個

塩——少々

片栗粉——適量

A｜酒・片栗粉——各小さじ1
｜しょうゆ——小さじ1/2
｜塩・こしょう——各少々

下準備

・しいたけは軸とかさに分け、軸はみじん切りにする。かさの内側に塩、片栗粉をふる。

・ボウルにひき肉、しいたけの軸、Aを入れて練り混ぜ、しいたけのかさに詰める。

作り方

1 耐熱皿に並べ、ふんわりとラップをして電子レンジで2分加熱する。

> **アレンジ**
> ・しいたけをピーマンに変えて
> ・チーズをのせ、レンチンして濃厚に

チーズ味	⏱5分	197kcal

（解凍時間は除く）

材料(1人分)

鶏ひき肉——50g

冷凍コーン——大さじ2

スライスチーズ（溶けないタイプ）
——1枚

A｜片栗粉——大さじ1/2
｜酒——小さじ1
｜塩——小さじ1/8
｜こしょう——少々

下準備

・コーンは解凍する。

・スライスチーズは3等分に切り、それぞれ半分に折りたたむ。

・ボウルにひき肉、コーン、Aを入れてよく練り混ぜ、3等分にして小判形に成形する。

作り方

1 耐熱皿にのせてふんわりとラップをし、電子レンジで1分30秒加熱する。

2 チーズをのせ、ラップを外して電子レンジで20秒加熱する。

> **アレンジ**
> ・チーズを青じそに変えて巻いて
> ・ひき肉の半量を豆腐に変えてヘルシーに

ひき肉

レンチンしたらしっかり混ぜて！

アスパラそぼろ

手作りソーセージで気分が上がる！

ソーセージ

オイスターソース味	⏱5分	141kcal

材料（1人分）

豚ひき肉……60g

アスパラガス……1本

A┃オイスターソース……小さじ1
┃酒……小さじ1/2
┃片栗粉……小さじ1/4

下準備

・アスパラガスはピーラーで下1/3くらいの皮をむき、1cm幅の斜め切りにする。

・ボウルにひき肉とAを入れ、箸でさっくりと混ぜる。

作り方

1 耐熱皿にひき肉、アスパラガスをのせ、ふんわりとラップをして電子レンジで1分30秒加熱する。ひき肉をほぐしながら全体をよく混ぜる。

> **アレンジ**
> ・アスパラをかぶやスナップえんどうに変えて
> ・豚ひき肉を厚揚げに変えて
> ・しょうゆ、砂糖を加えて甘辛味に

塩味	⏱8分	229kcal

材料（1人分）

豚ひき肉……100g

片栗粉……大さじ1/2

バジル（乾燥）……小さじ1/4

塩……小さじ1/8

にんにく（すりおろし）・粗びき黒こしょう……各少々

下準備

・ボウルにすべての材料を入れてよく練り混ぜ、3等分にする。10cm長さの棒状にし、1本ずつラップで包む。

作り方

1 耐熱皿にのせ、電子レンジで1分30秒加熱する。

> **アレンジ**
> ・バジルをごまや青じそに変えて和風に
> ・カレー粉を加えてスパイシーに
> ・仕上げに少し焼いて香ばしさをプラス

時短＆作りおき

ひき肉

油揚げを裏返してサクサク食感に！

メンチカツ風

塩味	⏱10分	299kcal

材料(1人分)

合いびき肉——80g

玉ねぎ——1/8個

油揚げ——1枚

A｜酒・小麦粉——各小さじ1
　｜塩——小さじ1/8
　｜こしょう・ナツメグ(粉末)——各少々

中濃ソース——適量

下準備

・玉ねぎはみじん切りにする。

・油揚げは半分に切り、袋状にして裏返す。

・ボウルにひき肉、玉ねぎ、Aを入れてよく練り混ぜ、1/2量ずつ油揚げに詰める。

・中濃ソースは密閉容器に入れる。

作り方

1　耐熱皿にのせ、ラップをかけずに電子レンジで2分加熱する。中濃ソースをかけていただく。

ソースとして使ったりパスタにかけても！

ミートソース

トマト味	⏱8分	305kcal

（解凍時間は除く）

材料(1人分)

合いびき肉——100g

玉ねぎ——1/6個

カットトマト缶——100g

A｜トマトケチャップ——大さじ1
　｜中濃ソース——大さじ1/2
　｜砂糖・小麦粉——各小さじ1/2
　｜塩——小さじ1/3
　｜こしょう——少々

下準備

・玉ねぎはみじん切りにする。

作り方

1　耐熱ボウルにAを入れて混ぜ合わせ、ひき肉、玉ねぎ、カットトマトを加えてさっと混ぜ、具材をボウルの側面に広げるようにして薄くのばす。

2　ふんわりとラップをして電子レンジで3分加熱し、全体をよく混ぜる。

とろみのある煮汁までおいしい！
かぶそぼろ

甘辛味	⏱10分	176kcal

材料（1人分）

鶏ひき肉──50g

かぶ（葉つき）──1/2個

A｜だし汁──80mℓ
　｜しょうゆ・みりん──各小さじ1
　｜塩──少々

水溶き片栗粉──片栗粉小さじ1/2＋水小さじ1

サラダ油──小さじ1

下準備

・かぶは1.5cm角に切り、葉は1cm幅に切る。

作り方

1 鍋に油を中火で熱し、ひき肉を入れて色が変わるまで炒める。

2 Aを加えて沸騰させ、かぶ、かぶの葉を加えて蓋をし、弱火で7〜8分煮る。

3 水溶き片栗粉を加えてとろみをつける。

ひき肉の旨みたっぷりのやさしい味わい！
ひき肉の卵とじ

みそ味	⏱8分	320kcal

（解凍時間は除く）

材料（1人分）

豚ひき肉──60g

冷凍枝豆──50g（正味25g）

卵──1個

A｜水──80mℓ
　｜みそ──小さじ2
　｜砂糖・酒──各小さじ1

サラダ油──小さじ1

下準備

・枝豆は解凍してさやから出す。

・卵は溶きほぐす。

作り方

1 鍋に油を中火で熱し、ひき肉を入れて色が変わるまで炒める。

2 Aを加えて沸騰させ、枝豆を加えて弱火でさっと煮る。溶き卵を回し入れてさらに1〜2分煮る。

※お弁当箱に詰める際は、汁けをよくきる。

ひき肉

はんぺんでふわふわ食感に！

はんぺんのみそつくね

みそ味	216kcal	冷蔵4日

材料（4人分）

豚ひき肉——300g

はんぺん——1枚

A｜酒・片栗粉——各大さじ2
　｜みそ——大さじ1

サラダ油——大さじ1/2

下準備

・ボウルにはんぺんを入れてつぶし、ひき肉、Aを加えてよく練り混ぜる。

・12等分にして円形に成形する。

作り方

1　フライパンに油を中火で熱し、つくねを入れて焼き色がつくまで2分ほど焼く。

2　裏返して弱火にし、蓋をして1〜2分蒸し焼きにする。

> **アレンジ**
> ・キャベツなどと炒めて野菜炒めに
> ・ロールパンに挟んでサンドイッチに

野菜をプラスしてボリュームアップ！

野菜たっぷりそぼろ

甘辛味	157kcal	冷蔵4日

材料（4人分）

豚ひき肉——200g

パプリカ（赤）——1/2個

ひじき（乾燥）——大さじ1

A｜しょうゆ・酒・みりん——各大さじ1と1/2
　｜砂糖——小さじ2

サラダ油——大さじ1/2

下準備

・パプリカは5mm幅の細切りにし、長さを3等分にする。

・ひじきは水で戻し、水けをきる。

・Aは混ぜ合わせる。

作り方

1　フライパンに油を中火で熱し、ひき肉を入れて色が変わるまで炒める。

2　パプリカ、ひじきを加えてしんなりするまで炒め、Aを加えて汁けがなくなるまで炒める。

じゃがいもの甘みが感じられる!

ひき肉とじゃがいもの オムレツ

ボリュームのあるハンバーグでがっつりお弁当

ハンバーグ

しょうゆ味	186kcal	冷蔵3日

材料（4人分）

豚ひき肉——120g

じゃがいも——1個

A｜しょうゆ・酒——各小さじ1
　｜鶏がらスープの素
　｜——小さじ1/2

卵——3個

B｜塩——小さじ1/4
　｜こしょう——少々

オリーブ油——大さじ1

下準備

・じゃがいもは1cm幅のいちょう切りにし、さっと水にさらして水けをきる。耐熱皿にのせてふんわりとラップをし、電子レンジで2分30秒加熱する。

・Aは混ぜ合わせる。

・ボウルに卵を溶きほぐし、Bを加えて混ぜる。

作り方

1 フライパンに油を中火で熱し、ひき肉を入れて色が変わるまで炒める。じゃがいもを加えて炒め、Aを加えてからめる。

2 卵液を流し入れ、ヘラで大きく混ぜながら半熟状になるまで火を通し、丸く成形する。

3 蓋をして弱火にし、2〜3分蒸し焼きにする。裏返してさらに1〜2分蒸し焼きにする。

トマトケチャップ味	336kcal	冷蔵4日

材料（4人分）

合いびき肉——400g

玉ねぎ——1個

A｜卵——1個
　｜パン粉——1/2カップ
　｜牛乳——大さじ2
　｜塩——小さじ1/2
　｜こしょう・ナツメグ（粉末）
　｜——各少々

B｜トマトケチャップ
　｜——大さじ3
　｜中濃ソース
　｜——大さじ1と1/2
　｜酒——大さじ1
　｜砂糖——小さじ1

サラダ油——大さじ1/2

下準備

・玉ねぎはみじん切りにする。

・ボウルにひき肉、玉ねぎ、Aを入れてよく練り混ぜ、8等分にして円形に成形する。

作り方

1 フライパンに油を中火で熱し、ハンバーグを入れて焼き色がつくまで2〜3分焼く。

2 裏返して弱火にし、蓋をして3〜4分蒸し焼きにする。Bを加えてさっとからめる。

ピリッと赤唐辛子がよいアクセントに！

そぼろきんぴら

ピリ辛味	176kcal	冷凍3週間

材料（4人分）

豚ひき肉──200g
さつまいも──150g

A 赤唐辛子（種を取り除き、小口切り）──1本分
しょうゆ──大さじ2
砂糖──小さじ4
酒──大さじ1
片栗粉──小さじ1

下準備

・さつまいもは4cm長さに切って1cm角の棒状に切り、さっと水にさらして水けをきる。

・ボウルに**A**を入れて混ぜ合わせ、ひき肉を加えて箸でさっくりと混ぜる。

作り方

1 冷凍用保存袋にひき肉を4等分に分けて入れる。

2 1にさつまいもを4等分に分けて加え、空気を抜いて平らにならし、口を閉じて冷凍する。

↓

凍ったまま調理

↓

レンジ加熱 5分 176kcal

作り方

中身を耐熱皿に取り出し、ふんわりとラップをして電子レンジで3分加熱し、フォークなどでひき肉をほぐしながら混ぜる。

ピリ辛そぼろと
ホクホクさつまいもが
やみつきに！

アレンジ
・ごはんに混ぜて混ぜごはんに
・ゆでたほうれん草と和えて
・カレー粉を加えてスパイシーに

ひき肉

トマトと玉ねぎを入れて酸味と甘みをプラス！

ドライカレー

カレー味	315kcal	冷凍3週間

材料（4人分）

合いびき肉——400g
トマト——2個
玉ねぎ——1/2個

A｜カレー粉・トマトケチャップ
　　——各大さじ4
　　小麦粉——大さじ2と1/2
　　しょうゆ——小さじ4
　　塩——小さじ1
　　こしょう——少々

下準備

・トマトは1cm角に切り、玉ねぎはみじん切りにする。
・ボウルにAを入れて混ぜ合わせ、ひき肉を加えてさっくりと混ぜる。

作り方

1 冷凍用保存袋にひき肉を4等分に分けて入れる。

2 1に玉ねぎ、トマトを1/4量ずつ加える。空気を抜いて平らにならし、口を閉じて冷凍する。

↓

凍ったまま調理

レンジ加熱

 ⏱5分 315kcal

作り方

中身を耐熱皿に取り出し、ふんわりとラップをして電子レンジで4分加熱し、全体をよく混ぜる。

全体をよく混ぜて
味をなじませて！

アレンジ
・半分に切ったピーマンに詰めてチーズをかけて焼いて
・卵焼きの具に
・キャベツやにんじんと炒めて野菜炒めに

時短＆作りおき

梅塩に漬けてさっぱりいただく!

ひき肉の梅塩漬け

梅味	179kcal	冷凍3週間

材料（4人分）

鶏ひき肉——400g

梅干し——2個

酒——大さじ1

塩——小さじ1/2

削り節——4g

下準備

・梅干しは種を取り除いて叩く。

・ボウルにすべての材料を入れて箸でさっくりと混ぜる。

作り方

1 冷凍用保存袋に鶏ひき肉を4等分に分けて入れる。空気を抜いて平らにならし、口を閉じて冷凍する。

自然解凍

前日に冷蔵庫に移して自然解凍。

焼く ⏱8分 225kcal

梅塩つくね

材料と作り方（1人分）

1 ボウルに解凍したひき肉の梅塩漬け、片栗粉（小さじ1）を入れて混ぜ、3等分にして小判形に成形する。

2 フライパンにサラダ油（小さじ1）を中火で熱し、1を入れて焼き色がつくまで2分ほど焼く。裏返して弱火にし、蓋をしてさらに1〜2分蒸し焼きにする。

炒める ⏱5分 223kcal

なすの梅塩そぼろ炒め

材料と作り方（1人分）

1 フライパンにサラダ油（小さじ1）を中火で熱し、解凍したひき肉の梅塩漬けを入れて汁けがなくなるまで炒める。

2 なす（1/2個→1cmのいちょう切りにし、さっと水にさらして水けをきる）を加えて炒め、しんなりするまで炒める。

ひき肉

ザーサイの塩辛味がアクセントに！

ひき肉の中華漬け

オイスターソース味	156kcal	冷凍3週間

材料（4人分）

豚ひき肉——240g

長ねぎ（みじん切り）——40g

ザーサイ（粗みじん切り）——20g

オイスターソース——小さじ4

酒——小さじ2

ごま油——小さじ2

作り方

1 ボウルにすべての材料を入れて箸でさっくりと混ぜ、冷凍用保存袋に4等分に分けて入れる。空気を抜いて平らにならし、口を閉じて冷凍する。

自然解凍

前日に冷蔵庫に移して自然解凍。

煮る　⏱8分　202kcal

ブロッコリーの中華そぼろ煮

材料と作り方（1人分）

1 フライパンにサラダ油（小さじ1）を中火で熱し、解凍したひき肉の中華漬けを入れて色が変わるまで炒める。

2 ブロッコリー（20g→小さめの小房に分ける）を加えてしんなりするまで炒め、水溶き片栗粉（片栗粉小さじ1/4＋水大さじ2）を加えて1分ほど煮る。

焼く　⏱8分　245kcal

れんこんの挟み焼き

材料と作り方（1人分）

1 解凍したひき肉の中華漬けに片栗粉（小さじ1）を加えて混ぜる。

2 れんこん（5mm幅の輪切り4枚→さっと水にさらして水けをきる）の表面に片栗粉（分量外）を薄くまぶし、ひき肉を半量ずつのせて挟む。

3 フライパンにサラダ油（小さじ1）を中火で熱し、2を入れて2分ほど焼く。裏返して弱火にし、蓋をして1〜2分焼き、塩（少々）をふる。

時短＆作りおき

89

1 にんにく、しょうがはチューブを、ねぎはカットされたものを使う

にんにく、しょうがはチューブのものを、ねぎは小ねぎも長ねぎも輪切りにカット済みの冷凍食品を。この4点を常備しておけば、お弁当作りはもちろん、チャーハン、みそ汁など毎日の食事がすばやく完成します。野菜を切る

ことは簡単なようで意外に時間がかかります。切るだけでなく、洗っておく、皮をむいておく、ゆでておくなど、夕食作りのついでに野菜の下処理もしておくと朝の時短につながります。

時短・手抜きアイデア集 No.1

毎日早起きしてお弁当を作るのは大変。
でも、ほんのちょっとの工夫や事前準備で朝の時間が短縮でき、
ぐ〜んとラクになりますよ。

2 冷凍野菜を常備しておく

ほうれん草などの葉野菜はゆでて水けを絞り2〜3cmに切ります。小分けにしてラップで包み、冷凍用保存袋に入れて冷凍します。かぼちゃはワタと種を除き、一口大や薄切りにし、冷凍用保存袋に入れて冷凍します。

3 肉や魚、葉野菜はキッチンバサミで切る

包丁を使うと食材ごとにまな板を分けたり、洗ったりと手間がかかります。キッチンバサミなら、肉や魚はトレーの上で、そのまま一口大にカット可能。皮や筋切りも簡単です。仕上げの切り分けにも使えます。

4 前日に下味を
つけておく

調味料に漬け込むおかずは前日に準備します。朝は焼くだけ、揚げるだけにしておくと、時間が短縮できます。しっかり味がついてお弁当向き。薄切り肉は塩、こしょうのほか、肉をやわらかくする漬けおきが◎。

5 フライの衣は前日に
つけておく

塩、こしょうをふり、小麦粉、溶き卵、パン粉の順に衣をつける工程は前日に準備します。少し多めに作り、翌日使う分は保存容器に入れて冷蔵庫へ。それ以外は、ラップで包み、冷凍用保存袋に入れて冷凍します。

6 肉巻きは具材を
重ねて蒸し煮に

食材の旨みを引き出す蒸し煮。じゃがいも、にんじん、れんこんなどの根菜類や、ほうれん草、アスパラを肉で巻かずに重ねて作れば時短に。切り口がきれいで、見た目も華やかです。

7 肉だねは前日に
混ぜておく

ひき肉はしっかり粘りが出るまでよく練り混ぜます。水分を吸うパン粉を少し多めに入れれば、冷めても固くなりにくく、おいしくいただけます。調味料を入れて肉だねを作って成形までしておくと、朝、慌てずにすみます。

8 タレやソースを作っておく

「調味料を計量する、混ぜ合わせる」この作業は調味料の種類が増えると、時間がかかります。お弁当作りに役立つ万能の甘辛ダレ、ごまみそダレ、中華風甘酢ダレ、バーベキューソースを多めに作って密閉容器に入れて

冷蔵庫で保存しておけば、あとはかけて焼くだけ！　あっという間に味つけが完成します。食材を変えれば、同じタレやソースでもバリエーションが広がりますよ。レシピはP112〜113。作りやすい分量で紹介しています。

鮭

しっとりした鮭が青じそとマッチ！

鮭のしそ巻きソテー

しょうゆ味	⏱8分	169kcal

材料(1人分)

生鮭——1切れ（100g）

塩・こしょう——各少々

青じそ——2枚

A｜しょうゆ・酒——各小さじ1

サラダ油——小さじ1

下準備

・鮭は4等分のそぎ切りにし、塩、こしょうをふる。

・青じそは半分に切り、鮭に巻く。

・Aは混ぜ合わせる。

作り方

1 フライパンに油を中火で熱し、鮭を入れて両面をこんがり焼き色がつくまで焼き、Aを加えてからめる。

アレンジ

・青じそを焼きのりに変えて

・鮭をめかじきや鶏むね肉に変えて

・しょうゆ味をソース味に

オイスターソース味で子どもも食べやすい！

鮭のオイスター照り焼き

オイスターソース味	⏱8分	186kcal

材料(1人分)

生鮭——1切れ（100g）

小麦粉——適量

A｜オイスターソース・酒——各小さじ1

　｜砂糖——小さじ1/2

サラダ油——小さじ1

下準備

・鮭は一口大のそぎ切りにし、小麦粉をまぶす。

・Aは混ぜ合わせる。

作り方

1 フライパンに油を中火で熱し、鮭を入れて両面をこんがり焼き色がつくまで焼き、Aを加えてからめる。

アレンジ

・豆板醤を加えてピリ辛に

・鮭を鶏もも肉や厚揚げに変えて

・オイスターソース味をみそ味に

じゃがいもと鮭の食感の違いを楽しんで！

鮭じゃが

甘辛味	⏱8分	134kcal

材料（1人分）

生鮭——1/2切れ（50g）

じゃがいも——1/3個

さやいんげん——1本

A｜しょうゆ——小さじ2
　｜砂糖——大さじ1/2
　｜酒——小さじ1

下準備

・鮭は3等分のそぎ切りにする。

・じゃがいもは一口大に切り、さっと水にさらして水けをきる。さやいんげんは2cm長さに切る。

作り方

1 耐熱ボウルに鮭、じゃがいも、さやいんげんを入れてAをかける。ふんわりとラップをして電子レンジで2分30秒加熱し、全体をさっと混ぜる。

削り節で簡単に旨みアップ！

鮭とキャベツの
おかかポン酢

ポン酢しょうゆ味	⏱8分	90kcal

材料（1人分）

生鮭——1/2切れ（50g）

塩・こしょう——各少々

キャベツ——1/2枚（25g）

エリンギ——25g

酒——小さじ1

A｜削り節——1g
　｜ポン酢しょうゆ——小さじ2

下準備

・鮭は3等分のそぎ切りにし、塩、こしょうをふる。

・キャベツは1cm幅の細切りにする。エリンギは縦半分に切り、5mm幅の薄切りにする。

作り方

1 耐熱ボウルに鮭、キャベツ、エリンギを入れて酒をかけ、ふんわりとラップをして電子レンジで1分30秒加熱する。

2 1の水けを拭き取り、Aを加えて和える。

魚が苦手でもこれなら食べやすい！

鮭のパン粉焼き

マヨネーズ味	⏱10分	192kcal

材料（1人分）

生鮭——1切れ（100g）

塩・こしょう——各少々

マヨネーズ——小さじ1

A｜パン粉——大さじ2

　｜パセリ（みじん切り）——小さじ1

　｜オリーブ油——小さじ1/2

下準備

・鮭は3等分のそぎ切りにし、塩、こしょうをふる。

・Aは混ぜ合わせる。

作り方

1　天板にアルミホイルを敷き、鮭を並べてマヨネーズをぬる。Aをのせて、トースターで6分ほど加熱する。

┌─────────────────────────┐
アレンジ

・鮭を豚とんかつ用肉や鶏むね肉に変えて

・パセリを青のりやごま、削り節に変えて和風に

・マヨネーズにマスタードやカレー粉を混ぜて
└─────────────────────────┘

酸味がきいた味つけでさっぱり！

鮭とカリフラワーの ビネガー煮

酸味	⏱10分	77kcal

材料（1人分）

生鮭——1/2切れ（50g）　A｜水——1/4カップ

カリフラワー——20g　　　｜酢——小さじ1

しめじ——25g　　　　　　｜洋風スープの素——小さじ1/4

　　　　　　　　　　　　　｜塩・こしょう——各少々

下準備

・鮭は半分にそぎ切りにする。

・カリフラワーとしめじは小房に分ける。

作り方

1　鍋にAを入れて中火で熱し、沸騰したら鮭、カリフラワー、しめじを入れ、弱火にして汁けが少なくなるまで7〜8分煮る。

┌─────────────────────────┐
アレンジ

・カリフラワーやしめじをセロリやれんこんに変えて

・鮭を豚こま切れ肉や鶏もも肉に変えて

・鮭をベーコンやソーセージに変えて
└─────────────────────────┘

鮭

やみつきになる味つけ！

鮭のにんにく塩から揚げ

塩味	183kcal	冷蔵4日

材料（4人分）

生鮭——4切れ（400g）

酒——大さじ1

A｜塩——小さじ2/3
　｜にんにく（すりおろし）——小さじ1/2
　｜こしょう——少々

片栗粉——適量

揚げ油——適量

下準備

・鮭は一口大のそぎ切りにする。酒をからめ、水けを拭き取ってAをからめ、片栗粉をまぶす。

作り方

1 鍋に油を170℃に熱し、鮭を入れてカリッとするまで3〜4分揚げ焼きにする。

> **アレンジ**
> ・マヨネーズやはちみつ、粒マスタードを混ぜたソースを添えて
> ・甘酢にからめてさっぱりと

おいしくてパクパク食べられる！

鮭のチーズピカタ

チーズ味	207kcal	冷蔵3日

材料（4人分）

生鮭——4切れ（400g）　　卵——2個

A｜塩——小さじ1/4　　粉チーズ——大さじ1と1/2
　｜こしょう——少々　　トマトケチャップ——適量
　｜小麦粉——適量　　サラダ油——大さじ1/2

下準備

・鮭は4等分のそぎ切りにし、Aを順にまぶす。

・ボウルに卵を溶きほぐし、粉チーズを加えて混ぜる。

作り方

1 フライパンに油を中火で熱し、鮭を卵液にくぐらせてから入れ、全体が固まるまで両面を焼く。

2 再び卵液にくぐらせてフライパンに入れ、火が通るまで両面を2〜3分ずつ焼く。トマトケチャップをかけていただく。

> **アレンジ**
> ・小さく切ってごはんとケチャップで炒めてチキンライス風に
> ・葉野菜とドレッシングと和えてサラダ仕立てに

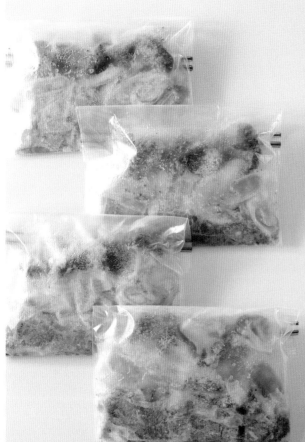

食べ応えのあるブロッコリーで大満足！

鮭とブロッコリーの ゆずこしょう蒸し

ゆずこしょう味	84kcal	冷凍3週間

材料（4人分）

生鮭——2切れ（200g）

ブロッコリー——80g

長ねぎ（5mm幅の斜め切り）——1本分

A 酒——大さじ1
　 しょうゆ——小さじ2
　 ゆずこしょう——小さじ1

下準備

・鮭は1切れを6等分のそぎ切りにする。

・ボウルにAを入れて混ぜ合わせ、鮭にからめる。

・ブロッコリーは小房に分ける。

作り方

1　冷凍用保存袋に鮭を4等分に分けて入れる。

2　1に長ねぎ、ブロッコリーを4等分に分けて入れ、空気を抜いて平らにならし、口を閉じて冷凍する。

↓

凍ったまま調理

↓

レンジ加熱　　　　　⏱3分 | 84kcal

作り方

中身を耐熱皿に取り出し、ふんわりとラップをして電子レンジで2分30秒加熱する。

鮭

ゆずこしょうの香りが
口にふわっと広がる！

アレンジ
・ワンタンの皮に包んで揚げ焼きに
・ゆでたペンネと和えてパスタに
・ゆでてつぶしたじゃがいもに混ぜてコロッケに

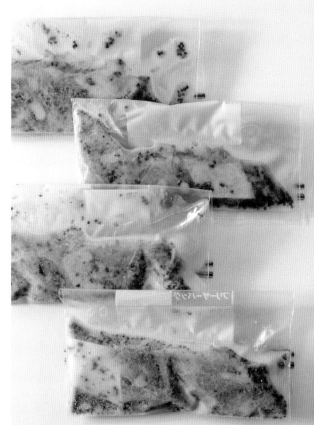

甘いタレでやみつきになること間違いなし！

鮭のハニーマスタード漬け

マスタード味	118kcal	冷凍3週間

材料（4人分）

生鮭——2切れ（200g）

A | 粒マスタード・酒——各大さじ1と1/2
オリーブ油——大さじ1
はちみつ——小さじ2
塩——小さじ1/4

下準備

・鮭は1切れを6等分のそぎ切りにする。

・ボウルにAを入れて混ぜ合わせ、鮭にからめる。

作り方

1 冷凍用保存袋に鮭を4等分に分けて入れる。空気を抜いて平らにならし、口を閉じて冷凍する。

↓

自然解凍

前日に冷蔵庫に移して自然解凍。

焼く | ⏱8分 177kcal

鮭とかぼちゃの
ハニーマスタード焼き

材料と作り方（1人分）

1 かぼちゃ（30g→1cm幅の一口大に切る）は耐熱皿にのせ、ふんわりとラップをして電子レンジで1分加熱する。

2 フライパンにサラダ油（小さじ1）を中火で熱し、解凍した鮭のハニーマスタード漬けを入れる。蓋をして弱火にし、火が通るまで2～3分蒸し焼きにする。

3 かぼちゃを加えて塩（少々）をふり、さっと炒め合わせる。

レンジ加熱 | ⏱12分 148kcal

鮭とかぶのハニーマスタード和え

材料と作り方（1人分）

1 解凍した鮭のハニーマスタード漬けは耐熱皿にのせ、ふんわりとラップをして電子レンジで1分加熱する。

2 ボウルにかぶ（1/2個→2～3mmの薄切り、葉は2cm長さのざく切り）を入れて塩（小さじ1/8）をまぶし、10分ほどおいてしんなりしたら水けを絞る。

3 ボウルに1、2、レモン汁（小さじ1/2）を入れてさっと和える。

かじき

ベーコンの塩味がたまらない！

かじきの マスタードベーコン巻き

マスタード味	⏱7分	304kcal

材料（1人分）
かじき——小1切れ（70g）
塩・こしょう——各少々
ベーコン——2枚
粒マスタード——小さじ1
サラダ油——小さじ1

下準備
・かじきは4等分に切って塩、こしょうをふる。
・ベーコンは半分に切って粒マスタードをぬり、かじきをのせて巻く。

作り方

1 フライパンに油を中火で熱し、かじきを巻き終わりを下にして入れる。転がしながらこんがり焼き色がつくまで2〜3分焼く。

アレンジ
・ベーコンを生ハムに変えて
・かじきを鮭や厚揚げに変えて
・マスタードをスライスチーズに変えて

濃厚なケチャップをよくからめて！

かじきの ピリ辛ケチャップ炒め

トマトケチャップ味	⏱10分	129kcal

材料（1人分）
かじき——1/2切れ（50g）
ピーマン——1個
A｜トマトケチャップ——大さじ1/2
　｜酒——小さじ1
　｜しょうゆ——小さじ1/2
　｜豆板醤——少々
サラダ油——小さじ1

下準備
・かじきは3等分のそぎ切りにする。
・ピーマンは小さめの乱切りにする。
・Aは混ぜ合わせる。

作り方

1 フライパンに油を中火で熱し、かじきを入れて焼き色がつくまで焼く。

2 ピーマンを加えてしんなりするまで炒め、Aを加えてからめる。

彩り豊かで華やかなお弁当に！
かじきのアクアパッツァ

塩味	⏱6分	126kcal

材料（1人分）

かじき──1/2切れ（50g）

塩・こしょう──各少々

ズッキーニ──30g

ミニトマト──1個

A　白ワイン・水──各大さじ1
　　オリーブ油──小さじ1
　　塩──小さじ1/8
　　こしょう──少々

下準備

・かじきは一口大に切って塩、こしょうをふる。

・ズッキーニは小さめの乱切りに、ミニトマトは半分に切る。

作り方

1　耐熱皿にかじき、ズッキーニ、ミニトマトを並べてAをかけ、ふんわりとラップをして電子レンジで2分加熱する。

しょうがじょうゆがクセになる！
かじきときのこの
香味蒸し

しょうゆ味	⏱6分	111kcal

材料（1人分）

かじき──1/2切れ（50g）

まいたけ──25g

しいたけ──1個

にら──1本

しょうが（みじん切り）──1/2かけ分

A　しょうゆ──大さじ1/2
　　酒──小さじ1
　　ごま油──小さじ1/2

下準備

・かじきは3等分に切る。

・まいたけは小房に分け、しいたけは5mm幅の薄切りにする。

・にらは1cm幅に切る。

作り方

1　耐熱皿にかじき、まいたけ、しいたけ、にら、しょうがをのせてAをかけ、ふんわりとラップをして電子レンジで2分加熱する。

かじき

のりとマヨネーズのたまらない組み合わせ！

かじきののりマヨ焼き

マヨネーズ味	⏱8分	195kcal

材料（1人分）

かじき——1切れ（100g）

塩・こしょう——各少々

A | のりの佃煮・マヨネーズ——各大さじ1/2

下準備

・かじきは5等分のそぎ切りにし、塩、こしょうをふる。

・Aは混ぜ合わせる。

作り方

1 天板にアルミホイルを敷いてかじきをのせ、Aをぬってトースターで5分ほど焼く。

アレンジ

・のりの佃煮をなめ茸に変えて

・マヨネーズをクリームチーズに変えて

・かじきを鶏むね肉や鮭に変えて

ごまみそダレが食欲をそそる！

かじきのごまみそ煮

みそ味	⏱10分	206kcal

材料（1人分）

かじき——1切れ（100g）

A | 水——80mℓ

　　| 砂糖・みそ——各小さじ2

　　| 酒——小さじ1

白すりごま——大さじ1/2

下準備

・かじきは5等分のそぎ切りにする。

作り方

1 鍋にAを入れて中火で熱し、沸騰したらかじきを入れて弱火にし、7〜8分煮る。

2 煮汁が煮詰まってきたら白すりごまを加え、さっと煮る。

アレンジ

・かじきをさばやぶりに変えて

・白すりごまを練りごまに変えて

・すりおろしたしょうがを加えてさわやかに

レモンを加えてさわやかに！

かじきの焼き漬け

甘辛味	189kcal	冷蔵4日

材料（4人分）
かじき──4切れ（400g）
塩──小さじ1/3
レモンの薄切り──3枚
A｜しょうゆ・酒・みりん──各大さじ2
サラダ油──大さじ1/2

下準備
・かじきは一口大に切って塩をふる。
・レモンは4等分に切る。
・耐熱ボウルにAを入れ、ラップをかけずに電子レンジで1分加熱し、アルコール分を飛ばす。

作り方
1 フライパンに油を中火で熱し、かじきを入れて焼き色がつくまで焼く。裏返して弱火にし、さらに1～2分焼く。

2 保存容器に1を入れ、Aとレモンを加えてさっと混ぜ、30分以上漬け込む。
　※お弁当箱に詰める際は、汁けをよくきる。

また作って！ と言われること間違いなし！

かじきのカレームニエル

カレー味	163kcal	冷蔵4日

材料（4人分）
かじき──4切れ（400g）
塩──小さじ2/3
こしょう──少々
A｜小麦粉──大さじ1
　｜カレー粉──大さじ1/2
サラダ油──大さじ1/2

下準備
・かじきは一口大に切って塩、こしょうをふる。
・バットにAを入れて混ぜ合わせ、かじきにまぶす。

作り方
1 フライパンに油を中火で熱し、かじきを入れて焼き色がつくまで焼く。裏返して弱火にし、さらに2分ほど焼く。

アレンジ
・ミニトマトやパプリカ、きゅうりなどと一緒にドレッシングで和えて
・ほぐしてマヨネーズで和え、パンに挟んで

時短＆作りおき

さっぱり気分のときにおすすめ！

かじきとブロッコリーの トマト煮

トマト味	123kcal	冷凍3週間

材料（4人分）

かじき——2切れ（200g）
ブロッコリー——80g
玉ねぎ——1/2個

A｜カットトマト缶——1/2缶（200g）
　｜オリーブ油——大さじ1
　｜塩——小さじ1
　｜こしょう——少々

下準備

・かじきは1切れを6等分に切る。
・ブロッコリーは小房に分ける。玉ねぎは5mm幅の薄切りにして長さを半分に切る。
・ボウルにAを入れて混ぜ合わせ、かじきにからめる。

作り方

1　冷凍用保存袋にかじきを4等分に分けて入れる。

2　1にブロッコリー、玉ねぎを4等分に分けて加え、空気を抜いて平らにならし、口を閉じて冷凍する。

↓

凍ったまま調理

↓

レンジ加熱　　⏱5分｜123kcal

作り方

中身を耐熱皿に取り出し、ふんわりとラップをして電子レンジで3分加熱する。

かじきにしっかり味がついていておいしい！

アレンジ
・水、洋風スープの素を足してスープに
・チーズをかけて焼き、グラタン風に
・スパゲティと和えてトマトパスタに

かじき

明太子の辛味と塩加減が絶妙で止まらない！

かじきの明太漬け

ピリ辛味	82kcal	冷凍3週間

材料（4人分）

かじき——2切れ（200g）

明太子——大さじ2

酒——大さじ1

下準備

・かじきは一口大に切る。

・明太子は薄皮を取り除く。

・ボウルに明太子、酒を入れて混ぜ合わせ、かじきにからめる。

作り方

1 冷凍用保存袋にかじきを4等分に分けて入れる。空気を抜いて平らにならし、口を閉じて冷凍する。

↓

自然解凍

前日に冷蔵庫に移して自然解凍。

炒める ⏱5分 | 128kcal

かじきと いんげんの明太子炒め

材料と作り方（1人分）

1 フライパンにサラダ油（小さじ1）を中火で熱し、解凍したかじきの明太漬け、さやいんげん（2本→1cm幅の斜め切り）を入れる。蓋をして弱火にし、ときどき上下を返しながら2〜3分蒸し焼きにする。

2 塩（少々）を加えてさっと炒め合わせる。器に盛り、黒いりごま（適量）をふる。

レンジ加熱

かじきとキャベツの 明太レンジ蒸し

⏱3分
92kcal

材料と作り方（1人分）

1 耐熱皿に解凍したかじきの明太漬け、キャベツ（1枚→3cm四方に切る）を入れ、ふんわりとラップをして電子レンジで2分加熱する。

え
び

プリプリのえびが卵と相性抜群！
えびと卵のふんわり炒め

塩味	⏱8分	123kcal

材料（1人分）

むきえび——50g

卵——1/2個

ザーサイ（粗みじん切り）——5g

A｜牛乳——小さじ1
｜塩・こしょう——各少々

サラダ油——小さじ1

下準備

・えびは片栗粉（分量外）をまぶして流水で揉み洗いし、水けを拭き取る。

・卵は溶きほぐし、ザーサイ、Aを加えて混ぜる。

作り方

1 フライパンに油を中火で熱し、えびを入れて色が変わるまで炒める。

2 卵液を流し入れ、ふんわり固まるまで炒める。

アレンジ
・ザーサイを入れずに卵液に粉チーズを加えて
・長ねぎを加え、一緒に炒めてボリュームアップ

ごはんをもりもり食べられる！
えびとズッキーニのみそ炒め

みそ味	⏱8分	108kcal

材料（1人分）

むきえび——50g

ズッキーニ——30g

A｜みりん・みそ——各小さじ1
｜しょうが（すりおろし）——小さじ1/2

ごま油——小さじ1

下準備

・えびは片栗粉（分量外）をまぶして流水で揉み洗いし、水けを拭き取る。

・ズッキーニは4cm長さに切り、1.5cm角の棒状に切る。

・Aは混ぜ合わせる。

作り方

1 フライパンに油を中火で熱し、えび、ズッキーニを入れてしんなりするまで炒め、Aを加えてからめる。

アレンジ
・えびを豚肉や鶏もも肉に変えて
・ズッキーニをアスパラやれんこん、きのこに変えて
・しょうがをすりおろしたにんにくに変えて

子どもも大人も好きな味！

えびとブロッコリーのアヒージョ

塩味	⏱6分	124kcal

材料（1人分）
むきえび――50g
ブロッコリー――20g
にんにく（すりおろし）・塩・粗びき黒こしょう――各少々
オリーブ油――小さじ2

下準備
・えびは片栗粉（分量外）をまぶして流水で揉み洗いし、水けを拭き取る。
・ブロッコリーは小房に分ける。

作り方
1 耐熱ボウルにすべての材料を入れてさっと混ぜ、ふんわりとラップをして電子レンジで1分30秒加熱する。

> **アレンジ**
> ・ブロッコリーをマッシュルームやズッキーニに変えて
> ・えびを鶏もも肉や鮭に変えて
> ・カレー粉をプラスしてスパイシーに

酸っぱくて後を引くおいしさ！

えびとミックスビーンズのマリネ

酸味	⏱8分	140kcal

材料（1人分）
むきえび――50g
A｜酒――小さじ1
　｜塩・こしょう――各少々
れんこん――20g
ミックスビーンズ――大さじ2
B｜酢・オリーブ油――各小さじ1
　｜塩・こしょう――各少々

下準備
・えびは片栗粉（分量外）をまぶして流水で揉み洗いし、水けを拭き取ってAをからめる。
・れんこんは5mm幅のいちょう切りにし、さっと水にさらして水けをきる。

作り方
1 耐熱皿にえび、れんこんをのせてふんわりとラップをし、電子レンジで1分30秒加熱する。

2 水けをきってボウルに入れ、ミックスビーンズ、Bを加えて和える。

プリッ！シャキッ！異なる食感のハーモニー！

えびと長いもの焼き春巻き

えびとチンゲン菜を入れて煮るだけで簡単！

えびとチンゲン菜のうま煮

塩味	⏱10分	154kcal

材料（1人分）

むきえび——30g
長いも——30g
青じそ——2枚
春巻きの皮——2枚

塩・こしょう——各少々
水溶き小麦粉——小麦粉小さじ
1/2 ＋ 水小さじ1/2
サラダ油——小さじ1

下準備

・えびは片栗粉（分量外）をまぶして流水で揉み洗いし、水けを拭き取って1cm幅のぶつ切りにする。

・長いもは6cm長さに切り、7〜8mm角の棒状に切る。青じそは半分に切る。

・春巻きの皮の角を手前にして置き、青じそ、長いも、えびの順に半量ずつのせて塩、こしょうをふる。ひと巻きし、両端を折りたたんでくるくると巻く。巻き終わりに水溶き小麦粉をぬってとめる。同様にこれをもう1個作る。

作り方

1 天板にアルミホイルを敷き、春巻きをのせて油を全体にからめる。トースターに入れて5分ほど焼く。

オイスターソース味	⏱8分	69kcal

材料（1人分）

むきえび——50g
片栗粉——適量
チンゲン菜——30g
A 水——1/2カップ
　 オイスターソース——大さじ1/2
　 酒——小さじ1
　 鶏がらスープの素——小さじ1/4

下準備

・えびは片栗粉（分量外）をまぶして流水で揉み洗いし、水けを拭き取って片栗粉を薄くまぶす。

・チンゲン菜は3cm長さに切る。

作り方

1 鍋にAを入れて中火で熱し、沸騰したらえびを入れて弱火で色が変わるまで煮る。

2 チンゲン菜を加え、さっと煮る。

※お弁当箱に詰める際は、汁けをよくきる。

え
び

おいしすぎてごはんが進む！

ガーリックシュリンプ

リピート必至のたまらない味つけ！

えびマヨ

塩味	61kcal	冷蔵 4日

材料（4人分）

むきえび──200g

アスパラガス──3本

にんにく（みじん切り）──1かけ分

塩──小さじ1/3

粗びき黒こしょう──少々

オリーブ油──大さじ1/2

下準備

・えびは片栗粉（分量外）をまぶして流水で揉み洗いし、水けを拭き取る。

・アスパラガスはピーラーで下1/3くらいの皮をむき、3cm長さのぶつ切りにする。

作り方

1 フライパンに油、にんにくを入れて弱火で熱し、香りが出たら中火にしてえび、アスパラガスを入れ、火が通るまで炒める。

2 塩、粗びき黒こしょうをふり、さっと炒め合わせる。

マヨネーズ味	128kcal	冷蔵 4日

材料（4人分）

むきえび──300g

片栗粉──適量

A マヨネーズ──大さじ2

トマトケチャップ──小さじ2

牛乳──小さじ1

砂糖──小さじ1/2

サラダ油──大さじ1/2

下準備

・えびは片栗粉（分量外）をまぶして流水で揉み洗いし、水けを拭き取って片栗粉をまぶす。

・Aは混ぜ合わせる。

作り方

1 フライパンに油を中火で熱し、えびを入れて焼き色がつくまで焼く。

2 裏返して火が通るまで焼いて取り出す。Aを加えてさっと和える。

これひとつで野菜もしっかりとれる！

えびチリ

ピリ辛味	88kcal	冷凍3週間

材料（4人分）

むきえび……200g	**A**	にんにく（みじん切り）……2かけ分
トマト……1個		トマトケチャップ……大さじ4
ピーマン……2個		砂糖・しょうゆ・片栗粉……各小さじ2
		豆板醤……小さじ1/2

下準備

・えびは片栗粉（分量外）をまぶして流水で揉み洗いし、水け
　を拭き取る。

・トマトは1cm角に切り、ピーマンは乱切りにする。

・ボウルに**A**を入れて混ぜ合わせ、えびにからめる。

作り方

1 冷凍用保存袋にえびを4等分に分けて入れる。

2 トマト、ピーマンを4等分に分けて加え、空気を抜いて
　　平らにならし、口を閉じて冷凍する。

↓

凍ったまま調理

↓

レンジ加熱　　　　　　　　　　　⏱4分 | 88kcal

作り方

中身を耐熱皿に取り出し、ふんわりとラップをして電子レンジで3分30秒加熱し、全体をよく混ぜる。

辛すぎないから
子どもでも
食べやすい！

アレンジ
・卵を入れてふんわり加熱し、ごはんにのせて
・マヨネーズを加えてマイルドに
・レタスと一緒にパンに挟んで

え
び

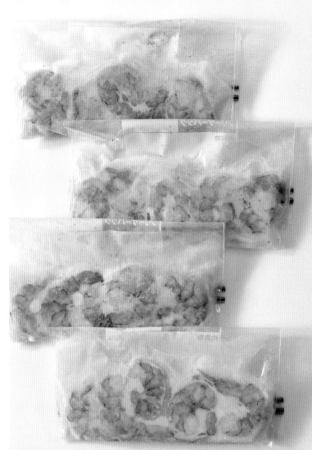

塩味と酸味が絶妙なバランス！

えびのエスニックレモンマリネ

ナンプラー味	73kcal	冷凍3週間

材料（4人分）

むきえび──200g

A｜レモン汁・白ワイン・オリーブ油──各大さじ1
　｜ナンプラー──小さじ2
　｜こしょう──少々

下準備

・えびは片栗粉（分量外）をまぶして流水で揉み洗いし、水けを拭き取る。

・ボウルにAを入れて混ぜ合わせ、えびに揉み込む。

作り方

1 冷凍用保存袋にえびを4等分に分けて入れる。空気を抜いて平らにならし、口を閉じて冷凍する。

↓

自然解凍

前日に冷蔵庫に移して自然解凍。

時短＆作りおき

レンジ加熱

えびとにんじんのエスニックレモン蒸し

⏱4分
85kcal

材料と作り方（1人分）

1 耐熱皿に解凍したえびのエスニックレモンマリネ、にんじん（30g→細切り）を入れてふんわりとラップをし、電子レンジで1分30秒加熱する。パセリのみじん切り（小さじ1）を加えてさっと混ぜる。

炒める

えびとカリフラワーのエスニックレモン炒め

⏱5分
117kcal

材料と作り方（1人分）

1 フライパンにバター（5g）を中火で熱し、解凍したえびのエスニックレモンマリネ、カリフラワー（30g→小房に分ける）を加え、火が通るまで2〜3分炒める。

1 冷凍食品やレトルト食品を大いに活用！

レンチンしてそのまま食べられる冷凍食品。ハンバーグやシューマイなどの主菜は、蒸す、焼く、煮るなど調理法を変えたり、ほうれん草のごま和え、きんぴらなどの副菜は、卵焼きの具や、チーズをのせて焼くなどすればマンネリ防止にも。カレーやパスタソースなどのレトルト食品は、あたためてスープジャーに入れるだけ。少し大きめの容器にごはんやめんを別に用意しましょう。寝坊した朝に冷凍食品やレトルト食品を常備しておくと安心です。

時短・手抜きアイデア集 No.2

そのまま入れられる食材を何点かストックしておけば、
毎日のお弁当作りもがんばりすぎず、無理なく続けられます。
お弁当箱にすき間ができたときも、大活躍します。

2 前日のおかずをお弁当用に取りおきしておく

夕食のおかずを作るときに、お弁当用に少し取り分けておけば、翌朝のお弁当作りがラクになります。例えば、肉団子を作るなら、夕食はしょうゆベースで、お弁当はケチャップ味にとアレンジしても。

3 焼き魚や野菜をごはんにのっける

グリルで冷凍の塩鮭と一緒に焼いた野菜をごはんにのせれば完成！ 野菜は塩とオリーブ油を回しかけて焼くだけ。ごはんを詰めるとき、のりや削り節としょうゆを和えたものを挟めば、味に変化がついて食べ飽きません。

4 炊き込みごはんや混ぜ ごはんをメインにする

炊き込みごはんや混ぜごはんは肉や野菜も
たっぷり入ったバランスのとれたメニューで
す。食材にはひき肉やちりめんじゃこなど、旨
みがあって刻まなくてよいものを使うのが時
短のコツです。

5 具だくさんおにぎりと スープをセットに

おにぎりは食べ応えのある具を入れたり、瓶
詰や缶詰、調味料を組み合わせてもOK。薄
切り肉などで巻くと、見た目も楽しくなります。
スープやみそ汁はスープジャーで。具は食べ
やすいよう小さく切って。

6 生のままで食べられる ものをすき間埋めに

ちくわ、かにかま、ハム、チーズ、ミニトマトは
すき間埋めの鉄板食材。お弁当に彩りを添
えます。ハムはそのまま焼いたり、食材に巻
いたりとアレンジ自在。ちくわの穴にはチーズ
やきゅうりを入れて色味をプラスします。

7 焼きそば、焼きうどんの ワンディッシュ

スピード勝負のお弁当作り。最小限のパワー
と時間で作れるのは、切って焼くだけのワン
ディッシュメニューです。具材は肉に、キャベ
ツ、ピーマン。主食、主菜、副菜が一度にと
れるのもうれしい。

8 市販のおかずに手作り一品あれば

市販のおかずも活用しましょう。添え物には、
食べ慣れたいつもの卵料理に、一口大に切
って塩ゆでした野菜があればよいでしょう。
おすすめ野菜はパプリカ、カリフラワー、ブロ
ッコリー、れんこん、かぼちゃ、いんげん、ア
スパラガスなど。おかずの仕切りにもなり、お
弁当に彩りも添えてくれます。市販のおかず
の味が濃い場合、野菜があれば塩辛さも和
らぎます。手作りの卵料理などが1品あるだ
けで、ほっとひと息、食が進みます。

万能タレ＆ソース

炒め物にも煮物にも
使える！

甘辛ダレ

甘辛味	246kcal	冷蔵1ヶ月
	(全量)	

材料と作り方（作りやすい分量）

1 保存容器にしょうゆ・酒・みりん（各大さじ3）、砂糖（大さじ1）を入れてよく混ぜる。

↓

⏱8分
184kcal

甘辛い味つけが食欲をそそる！

豚肉とごぼうの甘辛炒め

材料と作り方（1人分）

1 豚こま切れ肉（50g→大きければ一口大に切る）に小麦粉（適量）をまぶす。

2 ごぼう（20g→細切り）はさっと水にさらして水けをきる。

3 フライパンにサラダ油（小さじ1）を中火で熱し、1を入れて色が変わるまで炒める。2とにんじん（10g→細切り）を加えてしんなりするまで炒め、甘辛ダレ（大さじ1）を加えてからめる。

ほかにも！
・鶏肉とじゃがいもの甘辛煮
・ぶりの照り焼き
・厚揚げと長ねぎの卵とじ

濃厚なタレが
クセになる！

ごまみそ
ダレ

みそ味	296kcal	冷蔵1ヶ月
	(全量)	

材料と作り方（作りやすい分量）

1 保存容器にみそ（大さじ4）、白すりごま・砂糖・酒（各大さじ2）を入れてよく混ぜる。

↓

ほかの魚に変えて作っても！

⏱8分
161kcal

かじきのごまみそ焼き

材料と作り方（1人分）

1 かじき（1切れ→一口大に切る）にごまみそダレ（小さじ2）をぬる。

2 天板にアルミホイルを敷き、1を並べる。トースターで5分ほど焼く。

ほかにも！
・豚肉とキャベツのごまみそ炒め
・さばのごまみそ煮
・根菜のごまみそきんぴら

からめるだけで
簡単中華！

中華風
甘酢ダレ

甘酢味	215kcal	冷蔵 1ヶ月
	（全量）	

材料と作り方（作りやすい分量）

1 保存容器に砂糖・酢・しょうゆ・オイスターソース（各大さじ3）を入れてよく混ぜる。

↓

忙しいときでもすぐにできるおかず　🕐6分

鶏肉の中華風甘酢炒め　158kcal

材料と作り方（1人分）

1 鶏むね肉（75g→一口大のそぎ切り）に小麦粉（適量）をまぶす。
2 フライパンにごま油（小さじ1）を中火で熱し、1を入れてこんがり焼き色がついて火が通るまで焼く。中華風甘酢ダレ（小さじ2）を加えてからめる。

ほかにも！
・鮭の揚げ焼き甘酢和え
・きゅうりとセロリの甘酢和え
・豚肉とれんこんの甘酢炒め

やみつき濃厚ソース！

バーベキュー
ソース

トマトケチャップ味	348kcal	冷蔵 1ヶ月
	（全量）	

材料と作り方（作りやすい分量）

1 保存容器にトマトケチャップ・中濃ソース（各大さじ4）、酒・はちみつ（各大さじ2）を入れてよく混ぜる。

↓

ジュワッとジューシー！　🕐10分

バーベキューチキン　223kcal

材料と作り方（1人分）

1 鶏手羽中（5本）にバーベキューソース（大さじ1と1/2）をからめる。
2 天板にアルミホイルを敷き、1を並べる。残ったソースをかけてトースターで8分ほど焼く。

ほかにも！
・鶏肉とブロッコリーのバーベキュー炒め
・ハンバーグにさっとからめて
・タコライス

常備しておくと便利！ すき間埋めおかず

生野菜

トマトやきゅうりなど生で食べられる野菜はそのまま使えて便利。すき間に合わせて切り方を変えても。

ゆで野菜

すき間に合わせて好みのゆで野菜を使って。ブロッコリーや枝豆、アスパラガスは使いやすくておすすめ。

焼き野菜

好みの大きさに切って火が通るまで焼くだけ。あまりがちな野菜をすき間埋めに使うのもおすすめ。

肉加工品

子どもに人気のウインナーやハムなどの肉加工品。料理にもよく使うので、常備しておいて間違いなし。

魚加工品

ちくわや魚肉ソーセージ、かに風味かまぼこはたんぱく質も含み保存もきくので、常備食材にぴったり。

memo

すき間埋めには、冷凍食品を利用するのもおすすめ。シューマイなど、弾力のある食品は狭いすき間にもフィットします。夏場なら冷凍枝豆はそのまま入れて保冷剤代わりに。ひじきの煮物やほうれん草のごま和えなどの冷凍食品もストックしておくと便利です。

チーズ

丸いキャンディタイプや四角いプロセスチーズなど形もさまざまで、たんぱく質もプラスできるのでおすすめ。

漬け物

ほんの少しのすき間にも詰められて彩りもプラスできるのでおすすめ。ごはんのおともとしても優秀なおかず。

part 2

和える・漬けるだけで簡単！
副菜バリエ

ささっと簡単に作れる副菜レシピ。
卵、赤・黄・緑色の野菜、その他の食材に分けておかずを紹介しています。
栄養面と彩りをプラスし、常備菜も取り入れて活用してください。

お弁当を華やかにするには
赤・黄・緑のおかずがあればOK!

卵のおかずは彩りと栄養の
バランスアイテム

お弁当に欠かせない副菜は野菜だけではありません。お弁当がパッと華やぐ彩りアイテムとして欠かせないのが、卵のおかず。卵焼きや卵炒め、ゆで卵、味玉などは黄の彩りを添えてくれるとともに、たんぱく質をしっかりとることができます。そのほかにも、じゃがいも、さつまいもを使ったエネルギー源になる副菜やちくわ、厚揚げなどのたんぱく質豊富な副菜なども野菜の副菜と一緒に詰めることで栄養バランスがよくなります。

3色を意識するだけで
お弁当は華やかに!

副菜を考えるときに、一番気になるのが色のこと。一般的には、赤、黄、緑、茶、白の5色を揃えると言われますが、ごはんが白、主菜が茶と考えれば、副菜は、赤、黄、緑の3色だけでOK! 赤はミニトマト、赤パプリカ、にんじん、紫玉ねぎ、紫キャベツ、黄は黄パプリカ、かぼちゃ、コーン、緑はきゅうり、ブロッコリー、青菜、いんげん、アスパラを使った本当に簡単な副菜を紹介します。詰めるだけで、一気に華やぎます。

まとめて作っておけば
朝・夜のもう一品にも

この章で紹介する野菜の副菜は、2～3人分が基本です。どれもまとめて作っておけるから、次の日のお弁当に登場させたり、朝や夜のもう一品としても重宝します。作りおきほど量も多くないので、おいしいうちに食べきることができます。さらに、常備菜を作っておくと、乾物やこんにゃく、ごぼう、きのこをおいしく取り入れることができます。まとめて作っておくと、忙しいときやすき間埋めにも便利です。

大体3日で食べきる
ことを心がけて

野菜の副菜は基本的に3日ぐらいで食べきるようにしましょう。その都度作ってもいいですし、月曜日、水曜日、金曜日というように間を空けて数種類作って食べきるのもおすすめです。常備菜は、少し日持ちしますが、なるべく3～4日のうちに食べきりたいところ。朝や夜に出しても食べきれないときは、冷凍用保存袋に入れて冷凍保存しておくのがおすすめ。ただし、こんにゃくは食感が変わってしまうので注意しましょう。

卵の副菜

子どもが好きな甘い味つけ！

甘い卵焼き

甘味	⏱5分	138kcal

材料（1人分）

卵……1個　　　　　　　　　　　サラダ油……適量
A｜砂糖・水……各大さじ1/2

下準備

・ボウルに卵を溶きほぐし、Aを加えて混ぜる。

作り方

1　小さいフライパンに油をなじませて中火で熱し、卵液の半量を流し入れる。1分ほど焼いて少し固まってきたら両端を折り、くるくると巻いてフライパンの奥側に寄せる。

2　再び油をなじませて残りの卵液を流し入れる。1の卵の下にも流し入れ、1と同様に両端を折ってくるくると巻く。

緑が入ってお弁当が鮮やかに！

しらすと三つ葉のだし巻き卵

しょうゆ味	⏱6分	128kcal

材料（1人分）

卵……1個　　　　　　　　　　A｜だし汁……大さじ1
三つ葉……5本　　　　　　　　　｜しょうゆ……小さじ1/4
しらす……大さじ1/2　　　　　サラダ油……適量

下準備

・三つ葉は1cm幅に切る。
・ボウルに卵を溶きほぐし、Aを加えて混ぜ合わせ、しらす、三つ葉を加えてさっと混ぜる。

作り方

1　「甘い卵焼き」（1つ上参照）と同様に作る。

チーズのコクがたまらない！

パプリカチーズ卵焼き

チーズ味	⏱6分	171kcal

材料（1人分）

卵……1個　　　　　　　　　　A｜牛乳……大さじ1
パプリカ（赤）……10g　　　　　　｜塩・こしょう……各少々
　　　　　　　　　　　　　　　　ピザ用チーズ……10g
下準備　　　　　　　　　　　　サラダ油……適量

・パプリカは5mm角に切る。
・ボウルに卵を溶きほぐし、Aを加えて混ぜ合わせ、パプリカ、チーズを加えてさっと混ぜる。

作り方

1　「甘い卵焼き」（2つ上参照）と同様に作る。

炒めたにんじんで甘みをプラス!

ベーコンとにんじんの卵炒め

塩味	⏱5分	225kcal

材料(1人分)

卵——1個　　　　　　にんじん——20g
ベーコン——1枚　　　塩・こしょう——各少々
　　　　　　　　　　　サラダ油——大さじ1/2

下準備

・ベーコンは1cm幅に切り、にんじんはせん切りにする。
・ボウルに卵を溶きほぐし、塩、こしょうを加えて混ぜる。

作り方

1 フライパンに油を中火で熱し、ベーコン、にんじんを入れて
しんなりするまで炒める。卵液を加え、ふんわり火が通るま
で炒める。

薄くつぶした卵をタレとよくからめて!

ぺったん卵

ソース味	⏱5分	139kcal

材料(1人分)

卵——1個

A｜ウスターソース——大さじ1/2
　｜酒——小さじ1
　｜砂糖——小さじ1/4
サラダ油——小さじ1

下準備

・Aは混ぜ合わせる。

作り方

1 フライパンに油を中火で熱し、卵を割り入れる。1分ほど焼
いたら黄身をつぶして半分に折りたたみ、両面を1〜2分ず
つ焼き、Aを加えてからめる。

かわいい見た目で味も絶品!

かにかまとアスパラの茶巾卵

マヨネーズ味	⏱8分	133kcal
	(冷ます時間は除く)	

材料(1人分)

卵——1個　　　　　　　　アスパラガス——1本
かに風味かまぼこ——1本　A｜マヨネーズ・牛乳——各小さじ1
　　　　　　　　　　　　　｜塩・こしょう——各少々

下準備

・かに風味かまぼこは1cm幅に切り、ほぐす。アスパラガスはピー
ラーで下1/3くらいの皮をむき、5mm幅の小口切りにする。
・ボウルに卵を溶きほぐし、かに風味かまぼこ、アスパラガス、A
を加えて混ぜ合わせる。

作り方

1 小さい器にラップを敷いて卵液を流し入れ、ラップをキュッ
とねじって電子レンジで1分加熱する。

2 一度取り出して混ぜ、再びラップをねじり、さらに1分加熱
してしっかり火を通す。常温で冷ます。

酸味のあるカレー味
うずら卵のカレーピクルス

カレー味	⏱2分	40kcal
	（漬ける時間は除く）	

材料（2〜3人分）

うずらの卵（水煮）……6個

A｜水……1/2カップ
　｜酢……大さじ4
　｜砂糖……大さじ2
　｜カレー粉……小さじ1
　｜塩……小さじ1/2

作り方

1 耐熱ボウルにAを入れて混ぜ合わせ、ふんわりとラップをして電子レンジで1分30秒加熱する。

2 1の粗熱が取れたら、うずらの卵を加えて一晩漬け込む。

材料を和えるだけで簡単！
うずら卵のごま和え

甘辛味	⏱2分	62kcal

材料（1人分）

うずらの卵（水煮）……3個
A｜黒すりごま・砂糖・しょうゆ……各小さじ1/2

作り方

1 ボウルにAを入れて混ぜ合わせ、うずらの卵を加えてさっと和える。

黄身が破裂しないように穴をあけて！
ハム卵

塩味	⏱3分	127kcal

材料（1人分）

卵……1個
ハム……2枚

作り方

1 耐熱ボウルにハムを1枚入れてその上に卵を割り入れ、黄身に爪楊枝で穴をあける。

2 もう1枚のハムをかぶせてふんわりとラップをし、電子レンジで1分30秒加熱する。

にんにくを入れることで風味アップ！

味玉

めんつゆ味	⏱2分	88kcal

（漬ける時間は除く）

材料（2〜3人分）

ゆで卵——3個

A｜にんにく（薄切り）——1/2かけ分
　｜めんつゆ（3倍濃縮）——大さじ4
　｜水——大さじ3
　｜酢——大さじ1

作り方

1　ポリ袋にAを入れて混ぜ合わせ、ゆで卵を加えて一晩漬け込む。

みそとチーズが最高の組み合わせ！

ゆで卵のみそチーズ焼き

みそ味	⏱5分	111kcal

材料（1人分）

ゆで卵——1個
A｜砂糖・みそ——各小さじ1/2
ピザ用チーズ——5g

下準備

・Aは混ぜ合わせる。
・ゆで卵は半分に切り、Aをぬってチーズをのせる。

作り方

1　天板にアルミホイルを敷き、ゆで卵をのせて3分ほど焼く。

やみつきになるコク旨サラダ

ゆで卵とオクラのマヨサラダ

マヨネーズ味	⏱5分	73kcal

材料（1人分）

ゆで卵——1/2個　　　A｜マヨネーズ——小さじ1
オクラ——2本　　　　　｜しょうゆ——小さじ1/4

下準備

・ゆで卵は粗く刻む。
・オクラはさっとゆで、1cm幅の小口切りにする。

作り方

1　ボウルにAを入れて混ぜ合わせ、ゆで卵、オクラを入れて和える。

副菜バリエ

赤の副菜

甘みと酸味がマッチしておいしい！
ミニトマトとあんずのピクルス

甘酢味	⏱2分	40kcal

材料（2〜3人分）
ミニトマト——6個
干しあんず——3個

A｜酢——大さじ1
　｜砂糖——大さじ1/2
　｜塩——少々

下準備
・ミニトマトは爪楊枝で穴をあける。
・干しあんずは半分に切る。
・Aは混ぜ合わせる。

作り方
1　ポリ袋にすべての材料を入れて30分以上漬け込む。

おいしくて止まらない！
ミニトマトの中華マリネ

酸味	⏱2分	27kcal

材料（2〜3人分）
ミニトマト——6個
削り節——ひとつまみ
白いりごま・酢・しょうゆ・ごま油——各小さじ1

下準備
・ミニトマトは半分に切る。

作り方
1　ボウルにすべての材料を入れてさっと和える。

梅でさっぱりと！
ミニトマトの梅和え

梅味	⏱2分	22kcal

材料（2〜3人分）
ミニトマト——6個
梅干し——1/2個

塩——少々
オリーブ油——小さじ1

下準備
・ミニトマトは半分に切る。
・梅干しは種を取り除いて叩く。

作り方
1　ボウルにすべての材料を入れてさっと和える。

シンプルな味つけだけどクセになる！

ミニトマトののりナムル

塩味	⏱2分	22kcal

材料（2〜3人分）
ミニトマト……6個
焼きのり（全形）……1/4枚
塩……小さじ1/8
ごま油……小さじ1

下準備
・のりはちぎる。

作り方
1　ボウルにすべての材料を入れてさっと和える。

甘辛いごまダレがトマトにマッチ！

ミニトマトのごま和え

甘辛味	⏱2分	16kcal

材料（2〜3人分）
ミニトマト……6個
白すりごま・しょうゆ……各小さじ1
砂糖……小さじ1/2

作り方
1　ボウルにすべての材料を入れてさっと和える。

紅しょうがの風味が広がる！

ミニトマトの紅しょうが和え

塩味	⏱3分	21kcal

材料（2〜3人分）
ミニトマト……6個
紅しょうが……大さじ1/2
塩……少々
オリーブ油……小さじ1

下準備
・ミニトマトは半分に切る。
・紅しょうがは粗みじん切りにする。

作り方
1　ボウルにすべての材料を入れてさっと和える。

副菜バリエ

赤の副菜

パプリカの水けをきると味がよくなじむ！

パプリカのレモンマリネ

| 酸味 | ⏱3分 | 17kcal |

材料（2〜3人分）

パプリカ（赤）——1/3個

A｜レモン汁・オリーブ油——各小さじ1
　｜塩——小さじ1/8
　｜こしょう——少々

下準備

・パプリカは2cm角に切り、耐熱ボウルに入れてふんわりとラップをし、電子レンジで30秒加熱する。

作り方

1　パプリカの水けを拭き取り、Aを加えて和える。

ごま油で炒めて香りアップ！

パプリカと桜えびのきんぴら

| 甘辛味 | ⏱5分 | 34kcal |

材料（2〜3人分）

パプリカ（赤）——1/3個　　A｜砂糖・しょうゆ——各小さじ1
桜えび——大さじ2　　　　　｜ごま油——大さじ1/2

下準備

・パプリカは薄切りにし、長さを半分に切る。

作り方

1　フライパンに油を中火で熱し、パプリカを入れてしんなりするまで炒める。

2　桜えびを加えてさっと炒め、Aを加えてからめる。

味つけは赤しそふりかけのみ！

パプリカとちくわの赤しそ和え

| 塩味 | ⏱3分 | 15kcal |

材料（2〜3人分）

パプリカ（赤）——1/4個　　赤しそふりかけ——小さじ1/2
ちくわ——小1本

下準備

・ちくわは1cm幅の輪切りにする。

・パプリカは小さめの乱切りにし、耐熱ボウルに入れてふんわりとラップをし、電子レンジで30秒加熱する。

作り方

1　パプリカの水けを拭き取り、ちくわ、赤しそふりかけを入れて和える。

粗く切った紅しょうががやみつきに！

パプリカのしょうがマヨ和え

マヨネーズ味	⏱3分	14kcal

材料（2～3人分）

パプリカ（赤）……1/3個　　マヨネーズ……小さじ1
紅しょうが……大さじ1/2

下準備

・パプリカは5mm幅の細切りにし、長さを半分に切る。耐熱ボウルに入れてふんわりとラップをし、電子レンジで30秒加熱する。
・紅しょうがは粗く刻む。

作り方

1　パプリカの水けをきり、紅しょうが、マヨネーズを加えて和える。

ベーコンがパプリカの甘みを引き立てる！

パプリカのガーリックソテー

塩味	⏱5分	44kcal

材料（2～3人分）

パプリカ（赤）……1/3個　　塩……小さじ1/8
ベーコン……1枚　　　　　　オリーブ油……小さじ1
にんにく（すりおろし）……少々

下準備

・パプリカは1cm幅の細切りにし、長さを3等分に切る。
・ベーコンは1cm幅に切る。

作り方

1　フライパンに油を中火で熱し、パプリカ、ベーコンを入れてしんなりするまで炒める。

2　にんにく、塩を加えてさっとからめる。

ピリッと辛いケチャップ味がおいしい！

パプリカとウインナーの
ピリ辛ケチャップ炒め

ピリ辛味	⏱5分	61kcal

材料（2～3人分）

パプリカ（赤）……1/4個　　A｜トマトケチャップ……大さじ1/2
ウインナー……2本　　　　　　｜タバスコ……少々
　　　　　　　　　　　　　　オリーブ油……小さじ1

下準備

・パプリカは小さめの乱切りにする。
・ウインナーは1cm幅の斜め切りにする。

作り方

1　フライパンに油を中火で熱し、パプリカ、ウインナーを入れてこんがりするまで炒める。Aを加えてさっとからめる。

赤の副菜

たらこの塩味がクセになる！

にんじんのたらこ炒め

| 塩味 | ⏱6分 | 25kcal |

材料（2～3人分）

にんじん——60g
A｜たらこ——小さじ2
　｜酒——小さじ1
塩——少々
サラダ油——小さじ1

下準備
・にんじんは2～3mm幅の輪切りにする。
・Aは混ぜ合わせる。

作り方
1 フライパンに油を中火で熱し、にんじんを入れてしんなりするまで炒める。

2 A、塩を加えてさっと炒める。

甘みとコクがたまらない！

にんじんの塩バターレンジ蒸し

| 甘味 | ⏱4分 | 27kcal |

材料（2～3人分）

にんじん——60g
A｜バター——5g
　｜はちみつ・水——各小さじ1
　｜塩——少々

下準備
・にんじんは1cm幅の半月切りにする。

作り方
1 耐熱ボウルににんじん、Aを入れてふんわりとラップをし、電子レンジで2分加熱する。

カレー味が食欲をそそる！

にんじんのカレーマリネ

| カレー味 | ⏱3分 | 33kcal |
（おく時間は除く）

材料（2～3人分）

にんじん——60g
塩——小さじ1/8
A｜オリーブ油——小さじ2
　｜酢——大さじ1/2
　｜カレー粉——小さじ1/2
　｜塩・こしょう——各少々

下準備
・にんじんはせん切りにしてボウルに入れ、塩をまぶして10分ほどおき、しんなりしたら水けを絞る。

作り方
1 ボウルにAを入れて混ぜ合わせ、にんじんを加えて和える。

ナッツで歯応えをプラス！

にんじんのエスニックサラダ

ナンプラー味	⏱3分	41kcal

（おく時間は除く）

材料（2〜3人分）

にんじん──60g
塩──小さじ1/8
ミックスナッツ──10g

A｜レモン汁・ごま油──各小さじ1
　｜ナンプラー──小さじ1/2

下準備
・にんじんはせん切りにしてボウルに入れ、塩をまぶして10分ほどおき、しんなりしたら水けを絞る。
・ミックスナッツは粗く刻む。

作り方
1 ボウルにAを入れて混ぜ合わせ、にんじん、ミックスナッツを加えて和える。

みそ味で食欲をそそる一品に！

にんじんとかにかまのみそ煮

みそ味	⏱5分	37kcal

材料（2〜3人分）

にんじん──60g
かに風味かまぼこ──2本

A｜酒・みそ──各大さじ1/2
　｜ごま油──小さじ1
　｜砂糖──小さじ1/2

下準備
・にんじんは小さめの乱切りにする。
・かに風味かまぼこは1cm幅に切る。

作り方
1 耐熱ボウルにAを入れて混ぜ合わせ、にんじん、かに風味かまぼこを入れてさっと混ぜる。

2 ふんわりとラップをして、電子レンジで2分加熱する。

やさしい酸味が口に広がる！

にんじんとツナのマリネ

酸味	⏱5分	34kcal

材料（2〜3人分）

にんじん──60g
ツナ缶（水煮）
　──1/2缶（35g）

オリーブ油──大さじ1/2
酢・しょうゆ・粒マスタード──各小さじ1/2
塩──少々

下準備
・にんじんはピーラーで薄切りにする。
・ツナは汁けをきる。

作り方
1 ボウルにすべての材料を入れて和える。

赤の副菜

塩味と酸味のハーモニー！

紫玉ねぎと生ハムのマリネ

| 酸味 | ⏱3分 | 31kcal |

材料（2〜3人分）

紫玉ねぎ……1/4個
生ハム……2枚

A｜オリーブ油……大さじ1/2
　｜酢……小さじ1
　｜塩・こしょう……各少々

下準備

・紫玉ねぎは薄切りにしてさっと水にさらし、水けをきる。
・生ハムはちぎる。

作り方

1　ボウルにAを入れて混ぜ合わせ、紫玉ねぎ、生ハムを加えて和える。

桜えびの風味を楽しんで！

紫玉ねぎと桜えびのナンプラー炒め

| ナンプラー味 | ⏱5分 | 33kcal |

材料（2〜3人分）

紫玉ねぎ……1/2個
桜えび……大さじ2

ナンプラー……小さじ1
サラダ油……大さじ1/2

下準備

・紫玉ねぎは5mm幅の薄切りにする。

作り方

1　フライパンに油を中火で熱し、紫玉ねぎを入れてしんなりするまで炒める。

2　桜えびを加えてさっと炒め、ナンプラーを加えてからめる。

しょうゆがよくしみ込む！

紫玉ねぎのしょうゆ漬け

| しょうゆ味 | ⏱3分 | 21kcal |

材料（2〜3人分）

紫玉ねぎ……1/2個
しょうゆ・みりん……各小さじ2

下準備

・紫玉ねぎは1cm幅のくし切りにする。

作り方

1　耐熱ボウルにすべての材料を入れてさっと混ぜ、ふんわりとラップをして電子レンジで2分加熱する。

パクパク食べられる！
紫キャベツのコールスロー

マヨネーズ味	⏱5分	36kcal

（おく時間は除く）

材料（2〜3人分）

紫キャベツ——80g	A マヨネーズ——大さじ1/2
塩——小さじ1/8	レモン汁——小さじ1/2
ハム——2枚	こしょう——少々

下準備
・紫キャベツはせん切りにしてボウルに入れ、塩をまぶして10分ほどおき、しんなりしたら水けを絞る。
・ハムは半分に切り、1cm幅の細切りにする。

作り方
1 ボウルにAを入れて混ぜ合わせ、紫キャベツ、ハムを加えて和える。

お弁当が一気に華やかに！
紫キャベツの梅和え

梅味	⏱5分	29kcal

材料（2〜3人分）

紫キャベツ——100g	A オリーブ油——大さじ1/2
梅干し——1個	酢——小さじ1
	塩——少々

下準備
・紫キャベツは5mm幅の細切りにして耐熱ボウルに入れ、ふんわりとラップをして電子レンジで1分加熱する。
・梅干しは種を取り除いて叩く。

作り方
1 紫キャベツの水けを絞ってボウルに入れ、梅干し、Aを加えて和える。

無限に食べられる！
紫キャベツのナムル

塩味	⏱5分	35kcal

材料（2〜3人分）

紫キャベツ——100g	A 白すりごま・ごま油——各大さじ1/2
	にんにく（すりおろし）——少々
	塩——小さじ1/8

下準備
・紫キャベツは3cm四方に切って耐熱ボウルに入れ、ふんわりとラップをして電子レンジで1分30秒加熱する。

作り方
1 紫キャベツの水けを絞ってボウルに入れ、Aを加えて和える。

副菜バリエ

甘酸っぱいみそ味が◎

パプリカの酢みそ和え

みそ味	⏱3分	13kcal

材料（2〜3人分）

パプリカ（黄）……1/2個　　　　A｜みそ……小さじ1
　　　　　　　　　　　　　　　　 ｜砂糖・酢……各小さじ1/2

下準備
・パプリカは2〜3mm幅の薄切りにして耐熱ボウルに入れ、ふんわりとラップをして電子レンジで1分加熱する。

作り方
1　ボウルにAを入れて混ぜ合わせ、パプリカを加えて和える。

パプリカとカレーがマッチ！

パプリカのカレーソテー

カレー味	⏱5分	24kcal

材料（2〜3人分）

パプリカ（黄）……1/3個　　　　オリーブ油……大さじ1/2
A｜カレー粉……小さじ1/2
　｜塩……小さじ1/8

下準備
・パプリカは1cm幅の細切りにし、長さを3等分に切る。

作り方
1　フライパンに油を中火で熱し、パプリカを入れてしんなりするまで炒める。

2　Aを加え、さっと炒める。

グリルで焼いてプリッとジューシー食感！

パプリカのからし和え

しょうゆ味	⏱3分	29kcal
（おく時間は除く）

材料（2〜3人分）

パプリカ（黄）……1個　　　　A｜しょうゆ・オリーブ油……各小さじ1
　　　　　　　　　　　　　　　 ｜練りからし……小さじ1/4

下準備
・パプリカは半分に切って種を取り除き、グリルで皮が黒くなるまで10分ほど焼く。皮をむき、食べやすい大きさに切る。

作り方
1　ボウルにAを入れて混ぜ合わせ、パプリカを加えて和える。

レンチンでしっかり味がなじむ！
パプリカのエスニックピクルス

ナンプラー味	⏱3分	10kcal

材料（2〜3人分）

パプリカ（黄）——1/3個
A｜ナンプラー・砂糖・酢——各小さじ1

下準備

・パプリカは1cm幅の細切りにし、長さを半分に切る。

作り方

1　耐熱ボウルにAを入れて混ぜ合わせ、パプリカを加えてさっと混ぜる。ふんわりとラップをして電子レンジで1分加熱する。

甘酸っぱさが後を引く！
パプリカのマーマレードマリネ

甘酸味	⏱3分	30kcal

材料（2〜3人分）

パプリカ（黄）——1/3個
A｜オレンジマーマレード・オリーブ油——各大さじ1/2
　｜酢——小さじ1
　｜塩——少々

下準備

・パプリカは2〜3mm幅の薄切りにし、長さを半分に切る。

作り方

1　ボウルにAを入れて混ぜ合わせ、パプリカを加えて和える。

焼いたチーズマヨがコクうま！
パプリカのチーズマヨ焼き

マヨネーズ味	⏱8分	35kcal

材料（2〜3人分）

パプリカ（黄）——1/3個　　　　ピザ用チーズ——10g
マヨネーズ——適量

下準備

・パプリカは3cm角に切る。

作り方

1　天板にアルミホイルを敷き、パプリカをのせる。マヨネーズをかけてチーズをのせ、トースターに入れて6分ほど焼く。

黄の副菜

かぼちゃの甘みが口いっぱいに広がる！

かぼちゃとセロリのハニーマヨサラダ

マヨネーズ味	⏱10分	57kcal

材料（2〜3人分）

かぼちゃ——100g
セロリ——20g
塩——少々

A│マヨネーズ——大さじ1
　│はちみつ——小さじ1/2

下準備

・かぼちゃは一口大に切って耐熱ボウルに入れ、ふんわりとラップをして電子レンジで2分加熱し、水けを拭き取ってつぶす。
・セロリは2〜3mm幅の小口切りにしてボウルに入れ、塩をまぶして5分ほどおく。しんなりしたら水けを絞る。

作り方

1　かぼちゃにセロリ、Aを加えてさっと混ぜる。

焼き色がつくまで焼いて！

かぼちゃのチーズ焼き

チーズ味	⏱7分	41kcal

材料（2〜3人分）

かぼちゃ——100g

A│粉チーズ——小さじ1
　│塩——少々
オリーブ油——小さじ1

下準備

・かぼちゃは1cm幅の一口大に切って耐熱皿にのせ、ふんわりとラップをして電子レンジで2分加熱する。

作り方

1　フライパンに油を中火で熱し、かぼちゃを入れてこんがり焼き色がつくまで焼き、Aを加えてからめる。

ほんのりカレー風味

かぼちゃのカレー煮

カレー味	⏱8分	33kcal

材料（2〜3人分）

かぼちゃ——100g
水——1/2カップ
砂糖——大さじ1/2

カレー粉——小さじ1/2
塩——小さじ1/8

下準備

・かぼちゃは2cm角に切る。

作り方

1　鍋にすべての材料を入れて中火にかける。沸騰したら弱火にし、落とし蓋をして6分ほど煮る。

甘みと塩味のハーモニー！

かぼちゃの塩昆布和え

しょうゆ味	⏱5分	40kcal

材料（2～3人分）

かぼちゃ——100g　　　　　ごま油——小さじ1
塩昆布・削り節——各ひとつまみ　しょうゆ——小さじ1/2

下準備

・かぼちゃは1cm幅の一口大に切って耐熱皿にのせ、ふんわりと
　ラップをして電子レンジで1分30秒加熱し、水けを拭き取る。

作り方

1　ボウルにすべての材料を入れてさっと和える。

洋風マリネでさっぱりと！

かぼちゃのパセリマリネ

酸味	⏱5分	45kcal

材料（2～3人分）

かぼちゃ——100g
A｜パセリ（みじん切り）・オリーブ油——各大さじ1/2
　｜レモン汁——小さじ1
　｜塩——小さじ1/8
　｜こしょう——少々

下準備

・かぼちゃは2cm角に切って耐熱ボウルに入れ、ふんわりとラッ
　プをして電子レンジで2分加熱し、水けを拭き取る。

作り方

1　かぼちゃにAを加えてさっと和える。

異なる食感がやみつきに！

かぼちゃとちくわのオイスター炒め

オイスターソース味	⏱7分	43kcal

材料（2～3人分）

かぼちゃ——60g　　　　A｜オイスターソース・酒——各小さじ1
ちくわ——小1本　　　　　｜豆板醤——少々
　　　　　　　　　　　サラダ油——小さじ1

下準備

・かぼちゃは1cm幅の一口大に切って耐熱皿にのせ、ふんわりと
　ラップをして電子レンジで1分30秒加熱する。
・ちくわは1cm幅の斜め切りにする。
・Aは混ぜ合わせる。

作り方

1　フライパンに油を中火で熱し、かぼちゃ、ちくわを入れてこ
　んがり焼き色がつくまで炒める。Aを加えてさっと和える。

黄の副菜

甘いコーンを梅でさっぱりと！

コーンとちくわの梅和え

梅味	⏱3分	41kcal

材料（2〜3人分）

ホールコーン缶──1缶（65g）　　ごま油──小さじ1
ちくわ──小1本　　　　　　　　塩──少々
梅干し──1/2個

下準備
・コーンは汁けをきる。
・ちくわは1cm幅の輪切りにする。
・梅干しは種を取り除いて叩く。

作り方
1　ボウルにすべての材料を入れてさっと和える。

もっちり甘いチヂミを堪能して！

コーンチヂミ

塩味	⏱5分	36kcal

材料（2〜3人分）

ホールコーン缶──1缶（65g）　　　　　ごま油──小さじ1
A｜水・小麦粉・片栗粉──各小さじ1
　｜塩──少々

下準備
・コーンは汁けをきる。
・ボウルにAを入れて混ぜ合わせ、コーンを加えてさっと混ぜる。

作り方
1　フライパンに油を中火で熱し、コーンを1/6量ずつ落とし入れ、両面をカリッと焼く。

バターしょうゆでごはんが進む！

コーンとウインナーの
バターしょうゆ炒め

しょうゆ味	⏱5分	72kcal

材料（2〜3人分）

ホールコーン缶──1缶（65g）　　しょうゆ──小さじ1/2
ウインナー──2本　　　　　　　バター──5g

下準備
・コーンは汁けをきる。
・ウインナーは1cm幅の小口切りにする。

作り方
1　フライパンにバターを中火で熱し、コーン、ウインナーを入れて火が通るまで炒め、しょうゆを加えてさっとからめる。

カップまで食べられる！

ハムコーンチーズカップ

チーズ味	⏱5分	51kcal

材料（2〜3人分）
ホールコーン缶──1缶（65g）　　ピザ用チーズ──10g
ハム──3枚

下準備
・コーンは汁けをきる。
・ハムは上下左右4か所の端から、中央に向かって1cmくらいの
　切れ目を入れる。

作り方
1　小さな耐熱ボウルにハムを1枚ずつ敷いてカップ状にし、コ
　　ーン、チーズを1/3量ずつのせる。

2　ふんわりとラップをして電子レンジで1分加熱する。

ピリッと辛い一味唐辛子がアクセントに！

コーンのピリ辛マヨ和え

ピリ辛味	⏱3分	44kcal

材料（2〜3人分）
ホールコーン缶──1缶（65g）　　一味唐辛子──少々
マヨネーズ──大さじ1

下準備
・コーンは汁けをきる。

作り方
1　ボウルにすべての材料を入れて和える。

ふんわり卵とコーンを一緒にどうぞ！

コーンの卵炒め

塩味	⏱5分	59kcal

材料（2〜3人分）
ホールコーン缶──1缶（65g）　　A｜牛乳──大さじ1/2
卵──1個　　　　　　　　　　　　｜塩・こしょう──各少々
　　　　　　　　　　　　　　　　オリーブ油──小さじ1

下準備
・コーンは汁けをきる。
・ボウルに卵を溶きほぐし、コーン、Aを入れて混ぜる。

作り方
1　フライパンに油を中火で熱して卵液を入れ、ふんわりと炒める。

副菜バリエ

緑の副菜

しっかり水けを絞って和えて！
きゅうりの梅甘酢

梅味	⏱2分	7kcal
	（おく時間は除く）	

材料（2～3人分）
きゅうり──1本　　　　　　梅干し──1個
塩──小さじ1/4　　　　　　A│砂糖・酢──各小さじ1/2

下準備
・きゅうりは小口切りにしてボウルに入れ、塩をまぶして10分ほどおき、しんなりしたら水けを絞る。
・梅干しは種を取り除いて叩く。

作り方
1　ボウルにきゅうり、梅干し、Aを入れてさっと和える。

ごま油と塩でシンプルに！
きゅうりとじゃこのねぎ和え

塩味	⏱5分	25kcal

材料（2～3人分）
きゅうり──1/2本　　　　　ごま油──小さじ1
ちりめんじゃこ──大さじ1　塩──少々
長ねぎ（みじん切り）──5cm分

下準備
・きゅうりは叩き、食べやすい大きさに切る。

作り方
1　ボウルにすべての材料を入れて和える。

ポリポリ歯応えを楽しんで！
きゅうりの中華漬け

酸味	⏱3分	16kcal
	（漬ける時間は除く）	

材料（2～3人分）
きゅうり──1/2本
A│しょうゆ・ごま油──各小さじ1
　│酢──小さじ1/2

下準備
・きゅうりは1cm幅の輪切りにする。

作り方
1　ポリ袋にAを入れて混ぜ合わせ、きゅうりを加えて30分以上漬ける。

磯の香りで風味アップ！

きゅうりとわかめのとろろ和え

塩味	⏱2分	15kcal
	（おく時間は除く）	

材料（2~3人分）

きゅうり——1/2本
塩——小さじ1/8
わかめ（乾燥）——小さじ1

A｜ とろろ昆布——ふたつまみ
　｜ ごま油——小さじ1
　｜ 塩——少々

下準備
・きゅうりは細切りにして塩をまぶし、10分ほどおいて水けを絞る。
・わかめは水で戻す。

作り方
1　ボウルにきゅうり、わかめ、Aを入れて和える。

にんにくのパンチがきいている！

きゅうりとベーコンのにんにく炒め

しょうゆ味	⏱7分	44kcal

材料（2~3人分）

きゅうり——1/2本
ベーコン——1枚
にんにく（みじん切り）——1/2かけ分

しょうゆ——小さじ1/2
ごま油——小さじ1

下準備
・きゅうりは縦半分に切って種をスプーンなどでこそげ、5mm幅の斜め切りにする。
・ベーコンは1cm幅の細切りにする。

作り方
1　フライパンに油、にんにくを入れて弱火で香りが出るまで炒める。

2　中火にし、きゅうり、ベーコンを加えてさっと炒め、しょうゆを加えてさっとからめる。

ツナとごま油が好相性！

きゅうりとツナの旨塩和え

塩味	⏱5分	20kcal

材料（2~3人分）

きゅうり——1/2本
ツナ缶（水煮）——1/2缶（35g）
ごま油——小さじ1

鶏がらスープの素——小さじ1/4
塩・こしょう——各少々

下準備
・きゅうりは小さめの乱切りにする。
・ツナは汁けをきる。

作り方
1　ボウルにすべての材料を入れてさっと和える。

箸が止まらないおいしさ！

ブロッコリーのおかか和え

しょうゆ味	⏱3分	7kcal

材料（2〜3人分）
ブロッコリー……40g
削り節……1g
しょうゆ……小さじ1/2

下準備
・ブロッコリーは小房に分け、1分ほど塩ゆでしてざるにあげる。

作り方
1　ボウルにすべての材料を入れて和える。

ほぐしたかにかまと一緒に召し上がれ！

ブロッコリーとかにかまの煮浸し

しょうゆ味	⏱7分	16kcal

材料（2〜3人分）
ブロッコリー……40g
かに風味かまぼこ……1本

A｜だし汁……1/2カップ
　｜しょうゆ・みりん……各小さじ1

下準備
・ブロッコリーは小房に分ける。
・かに風味かまぼこはほぐす。

作り方
1　鍋にAを入れて中火にかけ、沸騰したらブロッコリー、かに風味かまぼこを加えて弱火で2〜3分煮る。

さっと作れて安定のおいしさ！

ブロッコリーの塩昆布和え

塩味	⏱3分	20kcal

材料（2〜3人分）
ブロッコリー……40g
塩昆布……5g

オリーブ油……小さじ1
塩……少々

下準備
・ブロッコリーは小房に分け、1分ほど塩ゆでしてざるにあげる。

作り方
1　ボウルにすべての材料を入れて和える。

食べ応えのある一品！

ブロッコリーとミックスビーンズサラダ

塩味	⏱3分	38kcal

材料（2～3人分）

ブロッコリー……40g
ミックスビーンズ……25g

A｜オリーブ油……大さじ1/2
　｜粒マスタード……小さじ1
　｜塩・こしょう……各少々

下準備
・ブロッコリーは小房に分け、1分ほど塩ゆでしてざるにあげる。

作り方

1　ボウルにAを入れて混ぜ合わせ、ブロッコリー、ミックスビーンズを加えて和える。

ごまと和えるだけの簡単副菜

ブロッコリーのごま和え

甘辛味	⏱3分	16kcal

材料（2～3人分）

ブロッコリー……40g

A｜白すりごま……小さじ2
　｜しょうゆ……小さじ1
　｜砂糖……小さじ1/2

下準備
・ブロッコリーは小房に分け、1分ほど塩ゆでしてざるにあげる。

作り方

1　ボウルにAを入れて混ぜ合わせ、ブロッコリーを加えて和える。

ベーコンとアンチョビで大人もたまらない味！

ブロッコリーとベーコンの
アンチョビ炒め

塩味	⏱7分	54kcal

材料（2～3人分）

ブロッコリー……40g
ベーコン……1枚
アンチョビ……1枚

塩・粗びき黒こしょう……各少々
オリーブ油……大さじ1/2

下準備
・ブロッコリーは小房に分ける。
・ベーコンは1cm幅に切り、アンチョビは叩く。

作り方

1　フライパンに油を中火で熱し、ブロッコリーを入れてしんなりするまで炒める。

2　ベーコン、アンチョビを加えて炒め、塩、粗びき黒こしょうをふる。

副菜バリエ

139

だしがしみてやさしい味わい！

小松菜のお浸し

しょうゆ味	⏱5分	5kcal

材料（2～3人分）

小松菜——1/2袋　　　　　　しょうゆ——小さじ1/2
だし汁——大さじ1　　　　　塩——少々

下準備

・小松菜は3cm長さに切ってさっとゆで、水けを絞る。

作り方

1　ボウルにすべての材料を入れて和える。

ザーサイの塩味が最高！

チンゲン菜のザーサイ炒め

しょうゆ味	⏱5分	18kcal

材料（2～3人分）

チンゲン菜——1株　　　　　しょうゆ——大さじ1/2
ザーサイ（細切り）——10g　　ごま油——小さじ1

下準備

・チンゲン菜は3cm長さに切り、茎は太ければ縦半分に切る。

作り方

1　フライパンに油を中火で熱し、チンゲン菜を入れてしんなり
　するまで炒める。

2　ザーサイを加えてさっと炒め、しょうゆを加えてからめる。

つぶしたにんにくの風味が◎

小松菜とベーコンのオイル蒸し

塩味	⏱7分	96kcal

材料（2～3人分）

小松菜——1/2袋　　　　　　塩——小さじ1/8
ベーコン——2枚　　　　　　粗びき黒こしょう——少々
にんにく（つぶす）——1/2かけ分　オリーブ油——大さじ1

下準備

・小松菜は3cm長さに切る。
・ベーコンは1cm幅の細切りにする。

作り方

1　鍋にすべての材料を入れてさっと混ぜ、蓋をして中火にか
　ける。蒸気が上がったら弱火にし、3分ほど蒸す。

オイスターソースが味を引きしめる！

ほうれん草としらすの中華和え

オイスターソース味	⏱8分	23kcal

材料（2～3人分）
ほうれん草——1/2袋　　オイスターソース・ごま油——各小さじ1
しらす——大さじ1　　　酢——小さじ1/2

下準備
・ほうれん草は4cm長さに切ってさっとゆで、5分ほど水にさらして水けを絞る。

作り方
1　ボウルにすべての材料を入れて和える。

ごまみそをよくからめて！

ほうれん草のごまみそ和え

みそ味	⏱8分	25kcal

材料（2～3人分）
ほうれん草——1/2袋　　　　水——小さじ1
みそ——小さじ2　　　　　　しょうが（すりおろし）——小さじ1/2
白すりごま・砂糖——各大さじ1/2

下準備
・ほうれん草は4cm長さに切ってさっとゆで、5分ほど水にさらして水けを絞る。

作り方
1　ボウルにすべての材料を入れてさっと和える。

チーズのコクで味に深みが出る！

春菊のペッパーチーズ炒め

チーズ味	⏱6分	33kcal

材料（2～3人分）
春菊——1/2袋　　　　A｜粉チーズ——大さじ1
　　　　　　　　　　　｜塩——小さじ1/8
　　　　　　　　　　　｜粗びき黒こしょう——少々
　　　　　　　　　　オリーブ油——大さじ1/2

下準備
・春菊は3cm長さに切る。

作り方
1　フライパンに油を中火で熱し、春菊を入れてしんなりするまで炒める。Aを加えてさっとからめる。

まろやかで食べやすい！

いんげんのヨーグルトマヨ和え

マヨネーズ味	⏱5分	26kcal

材料（2〜3人分）

さやいんげん——5本　　　A｜マヨネーズ・ヨーグルト——各大さじ1/2
ハム——1枚　　　　　　　　｜塩・こしょう——各少々

下準備

・さやいんげんは3cm長さの斜め切りにしてさっとゆで、水けをきる。
・ハムは半分に切り、5mm幅の細切りにする。

作り方

1　ボウルにAを入れて混ぜ合わせ、さやいんげん、ハムを加えて和える。

チーズとパセリの最高の組み合わせ！

いんげんのチーズサラダ

チーズ味	⏱5分	32kcal

材料（2〜3人分）

さやいんげん——5本　　　　　A｜酢・オリーブ油——各小さじ1
プロセスチーズ——1個　　　　　｜塩——小さじ1/8
パセリ（みじん切り）——小さじ1　｜こしょう——少々

下準備

・さやいんげんは2cm長さのぶつ切りにしてさっとゆで、水けをきる。
・チーズは1cm角に切る。

作り方

1　ボウルにAを入れて混ぜ合わせ、さやいんげん、チーズ、パセリを加えて和える。

レンチンでお手軽煮物

いんげんと油揚げのさっと煮

めんつゆ味	⏱5分	20kcal

材料（2〜3人分）

さやいんげん——5本　　　　水——大さじ1
油揚げ——1/2枚　　　　　　めんつゆ（3倍濃縮）——大さじ1/2

下準備

・さやいんげんは3cm長さのぶつ切りにする。
・油揚げは半分に切り、1cm幅に切る。

作り方

1　耐熱ボウルにすべての材料を入れ、ふんわりとラップをして電子レンジで2分加熱する。

アスパラと青のりの相性抜群！

アスパラの青のり炒め

塩味	⏱5分	16kcal

材料（2〜3人分）

アスパラガス——3本　　　サラダ油——小さじ1
A｜青のり・塩——各小さじ1/4

下準備
・アスパラガスはピーラーで下1/3くらいの皮をむき、2cm長さの
　ぶつ切りにする。

作り方

1 フライパンに油を中火で熱し、アスパラガスを入れてしんな
　りするまで炒める。**A**を加えてさっと炒める。

アスパラとちくわは斜めに切り方を揃えて！

アスパラとちくわのオイスター炒め

オイスターソース味	⏱8分	30kcal

材料（2〜3人分）

アスパラガス——2本　　　**A**｜オイスターソース・酒——各小さじ1
ちくわ——1本　　　　　　　｜ごま油——小さじ1

下準備
・アスパラガスはピーラーで下1/3くらいの皮をむき、4cm長さの
　斜め切りにする。
・ちくわは1cm幅の斜め切りにする。

作り方

1 フライパンに油を中火で熱し、アスパラガス、ちくわを入れて
　しんなりするまで炒める。**A**を加えてからめる。

焼いたアスパラが香ばしい！

アスパラの焼き浸し

しょうゆ味	⏱5分	18kcal

材料（2〜3人分）　　　（漬ける時間は除く）

アスパラガス——3本　　　サラダ油——小さじ1
A｜だし汁——1/4カップ
　　｜しょうゆ——小さじ1
　　｜塩——小さじ1/8

下準備
・アスパラガスはピーラーで下1/3くらいの皮をむき、3cm長さの
　ぶつ切りにする。

作り方

1 フライパンに油を中火で熱し、アスパラガスを入れてこんが
　り焼き色がつくまで焼き、**A**に30分以上漬け込む。
　※お弁当箱に詰める際は、汁けをよくきる。

その他の副菜

何度も食べたくなる！
じゃがいものガレット

チーズ味	⏱10分	36kcal

材料（2〜3人分）
じゃがいも——1/2個　　　塩——少々
粉チーズ——大さじ1/2　　オリーブ油——小さじ1

下準備
・じゃがいもは短めのせん切りにし、水にさらさずに、ボウルに入れて粉チーズ、塩を加えて混ぜる。

作り方
1　フライパンに油を中火で熱し、じゃがいもを1/6量ずつ落とし入れる。焼き色がつくまで2分ほど焼き、裏返してさらに2分ほど焼く。

お弁当に入っているとテンションが上がる！
ジャーマンポテト

塩味	⏱8分	74kcal

材料（2〜3人分）
じゃがいも——1/2個
ウインナー——2本

A｜塩——小さじ1/8
　｜粗びき黒こしょう——少々
オリーブ油——小さじ1

下準備
・じゃがいもは1cm幅のいちょう切りにし、さっと水にさらして水けをきる。耐熱皿にのせてふんわりとラップをし、電子レンジで1分30秒加熱する。
・ウインナーは1cm幅の斜め切りにする。

作り方
1　フライパンに油を中火で熱し、じゃがいも、ウインナーを入れ、こんがり焼き色がつくまで炒める。Aを加え、さっとからめる。

コーンが入って色味がきれいに！
コーンとツナのポテトサラダ

マヨネーズ味	⏱8分	61kcal

材料（2〜3人分）
じゃがいも——1/2個
ホールコーン缶——大さじ2
ツナ缶（水煮）——1/2缶（35g）

パセリ（みじん切り）——小さじ1
A｜マヨネーズ——大さじ1
　｜塩・こしょう——各少々

下準備
・じゃがいもは一口大に切り、さっと水にさらして水けをきる。耐熱ボウルに入れてふんわりとラップをし、電子レンジで1分30秒加熱して水けを拭き取り、つぶす。
・コーン、ツナは汁けをきる。

作り方
1　じゃがいもにコーン、ツナ、パセリ、Aを加えて混ぜる。

お弁当箱に入れやすいサイズ！

さつまいものベーコン巻き

塩味	⏱8分	86kcal

材料（2〜3人分）

さつまいも——50g　　　　サラダ油——小さじ1
ベーコン——2枚

下準備

・さつまいもは5cm長さに切って1cm角の棒状に切り、さっと水にさらして水けをきる。耐熱皿にのせてふんわりとラップをし、電子レンジで1分30秒加熱する。
・ベーコンは半分に切り、さつまいもをベーコンで巻く。

作り方

1　フライパンに油を中火で熱し、ベーコン巻きの巻き終わりを下にして入れ、全体に焼き色がつくまで1〜2分焼く。

冷めても甘みがあっておいしい！

さつまいものオレンジ煮

甘味	⏱10分	45kcal

材料（2〜3人分）

さつまいも——50g　　　　はちみつ——大さじ1/2
オレンジジュース——80mℓ　　レモン汁——小さじ1/2

下準備

・さつまいもは1cm幅の半月切りにし、さっと水にさらして水けをきる。

作り方

1　鍋にすべての材料を入れて落とし蓋をし、中火にかけて7〜8分煮る。

一口サイズで食べやすい！

さつまいものごまみそ和え

みそ味	⏱5分	38kcal

材料（2〜3人分）

さつまいも——60g

A | 白すりごま——小さじ2
　 | みそ——小さじ1
　 | 砂糖・水——各小さじ1/2

下準備

・さつまいもは1.5cm角に切り、さっと水にさらして水けをきる。耐熱皿にのせてふんわりとラップをし、電子レンジで1分30秒加熱し、水けを拭き取る。
・Aは混ぜ合わせる。

作り方

1　さつまいもにAを加えて混ぜる。

アスパラを1本丸々使って！

アスパラちくわ

塩味	⏱3分	25kcal

材料（2〜3人分）
ちくわ……小2本
アスパラガス……1本

下準備
・アスパラガスはピーラーで下1/3くらいの皮をむき、長さを半分に切ってさっと塩ゆでする。

作り方
1 ちくわにアスパラガスを詰め、食べやすい大きさに切る。

見た目もわくわくするかわいさ！

ちくわののりチーズ巻き

チーズ味	⏱5分	57kcal

材料（2〜3人分）
ちくわ……小3本　　　　　　　スライスチーズ……1枚
焼きのり（全形）……1/4枚

下準備
・ちくわは縦に切れ目を入れて平らに開く。
・焼きのり、チーズは3等分に切る。

作り方
1 ちくわの皮目を上にして置き、焼きのり、チーズをのせる。くるくると巻いて爪楊枝でとめ、半分に切る。

びっくりするほどおいしい！

ちくわの磯辺揚げ

塩味	⏱8分	52kcal

材料（2〜3人分）
ちくわ……小2本　　　　　　　揚げ油……適量
A｜水・天ぷら粉……各大さじ1
　｜青のり……小さじ1/8

下準備
・ちくわは1本を斜め3等分に切る。
・Aは混ぜ合わせる。

作り方
1 フライパンに油を170℃に熱し、ちくわをAにからめて入れる。上下を返しながらカリッとするまで2分ほど揚げ焼きにする。

わさびのツンとした香りがクセになる！

ちくわとキャベツのわさびマヨ和え

マヨネーズ味	⏱5分	43kcal

材料（2〜3人分）

ちくわ──小1本
キャベツ──1枚（50g）

A｜マヨネーズ──大さじ1
　｜わさび──小さじ1/4
　｜塩──少々

下準備
・ちくわは縦半分に切り、1cm幅の斜め切りにする。
・キャベツは1cm幅の細切りにし、耐熱ボウルに入れふんわりと
　ラップをし、電子レンジで1分加熱して水けを絞る。
・Aは混ぜ合わせる。

作り方
1　ボウルにキャベツを入れ、ちくわ、Aを加えて和える。

れんこんを入れて食べ応えのあるおかずに！

ちくわとれんこんの梅炒め

梅味	⏱8分	40kcal

材料（2〜3人分）

ちくわ──小1本
れんこん──50g
梅干し──1/2個

A｜みりん──小さじ1
　｜塩──少々
ごま油──小さじ1

下準備
・ちくわは1cm幅の輪切りにする。れんこんは5mm幅のいちょう切
　りにし、さっと水にさらして水けをきる。
・梅干しは種を取り除いて叩き、Aを加えて混ぜる。

作り方
1　フライパンに油を中火で熱し、れんこんを入れてしんなりす
　　るまで炒める。

2　ちくわを加えてさっと炒め、梅干しを加えてからめる。

さっとレンチンして完成！

ちくわとピーマンのさっと煮

めんつゆ味	⏱6分	35kcal

材料（2〜3人分）

ちくわ──小2本
ピーマン──1/2個
しょうが（せん切り）──1/2かけ分

水──大さじ1
めんつゆ（3倍濃縮）──大さじ1/2
ごま油──小さじ1/2

下準備
・ちくわ、ピーマンは乱切りにする。

作り方
1　耐熱ボウルにすべての材料を入れてふんわりとラップをし、
　　電子レンジで1分加熱する。

その他の副菜

パクパク食べられるサイズ感が◎

厚揚げののりおかか焼き

| 塩味 | ⏱5分 | 60kcal |

材料（2～3人分）

厚揚げ……100g

A	青のり……小さじ1/4
	塩……小さじ1/8
	削り節……1g
ごま油……小さじ1

下準備
・厚揚げは1.5cm角に切る。

作り方

1 フライパンに油を中火で熱し、厚揚げを入れてこんがり焼き色がつくまで炒める。Aを加えてさっとからめる。

カリッと香ばしい厚揚げと梅が合う！

厚揚げの梅和え

| 梅味 | ⏱6分 | 60kcal |

材料（2～3人分）

厚揚げ……100g　　　　　　ごま油……小さじ1
梅干し……1/2個　　　　　　しょうゆ……小さじ1/4

下準備
・厚揚げは小さめにちぎる。魚焼きグリルを中火で熱し、厚揚げを入れてカリッとするまで4分ほど焼く。
・梅干しは種を取り除いて叩く。

作り方

1 ボウルにすべての材料を入れてさっと和える。

カレー風味で食欲増進！

厚揚げのカレーマヨ焼き

| カレー味 | ⏱5分 | 74kcal |

材料（2～3人分）

厚揚げ……100g

A	マヨネーズ……大さじ1/2
	カレー粉……小さじ1/2
	塩……少々
サラダ油……小さじ1

下準備
・厚揚げは1cm幅の一口大に切る。
・Aは混ぜ合わせる。

作り方

1 フライパンに油を中火で熱し、厚揚げを入れてこんがり焼き色がつくまで焼く。Aを加えてさっとからめる。

子どもが喜ぶピザ風おかず！

厚揚げのピザ風

トマトケチャップ味	⏱8分	68kcal

材料（2～3人分）

厚揚げ——80g

A｜トマトケチャップ——大さじ1/2
　｜にんにく（すりおろし）——少々
ピザ用チーズ——20g

下準備
・厚揚げは1cm幅に切り、半分に切る。
・Aは混ぜ合わせる。

作り方
1　厚揚げにAをぬり、ピザ用チーズをのせる。天板にアルミホイルを敷いて厚揚げをのせ、トースターで5分ほど焼く。

シャキシャキのもやしと一緒に！

厚揚げチャンプルー

しょうゆ味	⏱8分	41kcal

材料（2～3人分）

厚揚げ——50g
もやし——70g
にら——3本

しょうゆ——小さじ1
こしょう——少々
ごま油——小さじ1

下準備
・厚揚げは横半分に切り、1cm角の棒状に切る。
・もやしはひげ根を取り、にらは3cm長さに切る。

作り方
1　フライパンに油を中火で熱し、厚揚げ、もやしを入れてしんなりするまで炒める。

2　にらを加えてさっと炒め、しょうゆ、こしょうを加えてからめる。

しいたけのだしがよくきいて美味！

厚揚げとしいたけの煮物

甘辛味	⏱10分	43kcal

材料（2～3人分）

厚揚げ——60g
しいたけ——2個

だし汁——80mℓ
しょうゆ——小さじ2
砂糖——小さじ2

下準備
・厚揚げは食べやすい大きさに切る。
・しいたけは4つ割りにする。

作り方
1　鍋にすべての材料を入れて中火にかける。沸騰したら弱火にし、7～8分煮る。

副菜バリエ

149

その他の副菜

やさしい酸味がクセになる
切り干し大根と枝豆、ひじきの中華和え

酸味	⏱3分	41kcal

（解凍、戻す時間は除く）

材料（2〜3人分）
切り干し大根——20g
ひじき（乾燥）——小さじ1
冷凍枝豆——30g（正味15g）
しょうゆ——大さじ1/2
酢・ごま油——各小さじ1

下準備
・切り干し大根は水で戻し、食べやすい大きさに切る。
・ひじきは水で戻す。
・枝豆は解凍してさやから出す。

作り方
1 ボウルにすべての材料を入れて和える。

アレンジ
・にんじんをプラスして彩りアップ
・鶏ひき肉に混ぜてつくねに

これだけで立派なメインおかずに！
桜えびとれんこんのおやき

塩味	⏱8分	66kcal

材料（2〜3人分）
れんこん——100g
A｜桜えび——大さじ2
　｜小麦粉・片栗粉——各大さじ1
　｜塩——小さじ1/8
ごま油——大さじ1/2

下準備
・れんこんはすりおろし、Aを加えて混ぜる。

作り方
1 フライパンに油を中火で熱し、れんこんを1/6量ずつ落とし入れ、2分ほど焼く。
2 裏返し、さらに1〜2分焼く。

アレンジ
・れんこんを長いもに変えて
・しょうゆと砂糖をからめて甘辛味に

甘辛ダレをこんにゃくとよくからめて
こんにゃくの甘辛炒り煮

甘辛味	⏱10分	25kcal

材料（2〜3人分）
こんにゃく——100g
A｜砂糖・しょうゆ——各小さじ2
削り節——1g
ごま油——小さじ1

下準備
・こんにゃくは両面に格子状の浅い切り込みを入れ、2cm角に切る。1分ほど下ゆでし、ざるにあげる。

作り方
1 フライパンに油を中火で熱し、こんにゃくを入れて2分ほど炒める。
2 Aを加えて汁けが少なくなるまで炒め、削り節を加えてからめる。

アレンジ
・細かく切ってお好み焼きに混ぜて
・ちくわを加えて炒め煮に

ごぼうの旨みたっぷり！
ごぼうのピリ辛漬け

ピリ辛味	⏱8分	25kcal

（漬ける時間は除く）

材料（2〜3人分）
ごぼう——50g
A｜しょうゆ——大さじ1/2
　｜酢・ごま油——各小さじ1
　｜豆板醤・砂糖——各小さじ1/4

下準備
・ごぼうは乱切りにする。鍋にお湯を沸かしてごぼうを入れ、やわらかくなるまで5〜6分ゆでる。

作り方
1 ポリ袋にAを入れて混ぜ合わせ、ごぼうを加えて30分以上漬け込む。

アレンジ
・刻んでごはんに混ぜておにぎりに
・蒸し大豆と一緒に漬け込んで

その他の副菜

もやしはしっかり水けをきって
もやしのじゃこ昆布和え

塩味	⏱4分	36kcal

材料(2〜3人分)
もやし──100g
A｜ちりめんじゃこ──大さじ1
　｜塩昆布──5g
　｜ごま油──大さじ1/2
　｜塩──少々

下準備
・もやしはひげ根を取る。耐熱ボウルに入れてふんわりとラップをし、電子レンジで1分加熱し、水けを絞る。

作り方
1　もやしにAを加えてさっと和える。

> **アレンジ**
> ・刻んで卵焼きに混ぜて
> ・もやしをチンゲン菜やほうれん草に変えて

レモン風味でさっぱりと！
きのこマリネ

酸味	⏱4分	29kcal

材料(2〜3人分)
しめじ──50g
エリンギ──50g
A｜レモン汁・オリーブ油──各大さじ1/2
　｜塩──小さじ1/8
　｜にんにく(すりおろし)・こしょう──各少々

下準備
・しめじは小房に分ける。エリンギは長さを半分に切って縦半分に切り、端から5mm幅の薄切りにする。
・耐熱ボウルにしめじ、エリンギを入れ、ふんわりとラップをして電子レンジで1分加熱し、水けを拭き取る。

作り方
1　しめじ、エリンギにAを加えて和える。

> **アレンジ**
> ・カリッと焼いたチキンを加えてボリュームアップ
> ・ポテトサラダに加えて

ゴロゴロのマカロニで食べ応えのある一品！
マカロニサラダ

マヨネーズ味	⏱5分	98kcal

(おく時間は除く)

材料(2〜3人分)
マカロニ──30g
きゅうり──1/4本
塩──少々
ホールコーン缶──大さじ2
A｜マヨネーズ──大さじ2
　｜酢──小さじ1/2
　｜塩・こしょう──各少々

下準備
・マカロニは袋の表示通りにゆで、ざるにあげる。
・きゅうりは小口切りにする。ボウルに入れ、塩をまぶして10分ほどおき、水けを絞る。

作り方
1　ボウルにマカロニ、きゅうり、コーン、Aを入れて和える。

> **アレンジ**
> ・ツナや炒めたベーコンを加えてたんぱく質をプラス
> ・粉チーズを加えてチーズ風味に

クリームチーズがやみつきになること間違いなし！
カリフラワーとハムの
マスタードチーズサラダ

チーズ味	⏱6分	68kcal

材料(2〜3人分)
カリフラワー──80g
ハム──2枚
ミックスナッツ──10g
クリームチーズ──20g
A｜牛乳──小さじ1/2
　｜粒マスタード──小さじ1
　｜塩・こしょう──各少々

下準備
・カリフラワーは小房に分けて耐熱皿にのせ、ふんわりとラップをして電子レンジで1分加熱する。
・ハムは半分に切り、1cm幅の細切りにする。
・ミックスナッツは粗く刻む。
・チーズはボウルに入れてやわらかく練り、Aを加えて混ぜる。

作り方
1　チーズにカリフラワー、ハム、ミックスナッツを加えてさっと和える。

> **アレンジ**
> ・カリフラワーをブロッコリーやアスパラに変えて
> ・パンに挟んでサンドイッチに

1 おかずは2品だけと決める

子どもたちは「あれもこれも食べたい！」というより、実はから揚げやハンバーグなどの定番メニューがあれば大満足です。タレやソースを変えればマンネリ防止に。食べ飽きることはありません。もう一品は赤や黄色、緑など、足りない色の食材をプラスすれば、栄養バランスのとれた見栄えのよいお弁当が完成します。おかず2品を詰めてから、すき間をミニトマトやチーズ、枝豆で埋めればOKです。

時短・手抜きアイデア集 No.3

まだまだあります！ 時短メニューやその方法。
作りおきがないときや、おかずの食材がないとき、
お弁当を作るパワーがないときにも大いに役立ちますよ。

2 前日のカレーをスープジャーで持っていく

スープジャーの保温効果を維持するためには、熱湯で2分以上保温してから使います。加熱が不十分だと腐敗の原因になるので、アツアツにあたためたカレーを詰めます。冷ます必要がないので、超特急でできあがり。

3 食パンに前日のおかずを挟む

6枚切りの食パン1枚を半分に切って真ん中にポケット状に切り込みを入れ、コロッケなど前日のおかずを挟みます。食パン2枚を使ってフライパンでホットサンドにしても。平らなもので押しつけながらこんがり焼きます。

4 ソーセージと目玉焼きを ごはんにのせる

ごはんの上におかずをのせると、ソーセージや目玉焼きだっておいしそうに見えるから、あら不思議。ごはんの上に余白を残しながら、揉みのりをのせて全体のバランスを見ながらメインのおかずを豪快にのっけます。

5 冷凍ピラフをメインに お弁当に詰める

お弁当の準備なし、作りおきなし。朝起きてからのゼロからのスタート。そんな日は冷凍ピラフをメインに。電子レンジであたためて冷めてからお弁当に詰めるだけ。すき間には生のままで食べられる食材を。

6 かわいいピックやお弁当 グッズで豪華に見せる

色味を添える食材がなかったとしても大丈夫。赤や黄、緑色のカップがあればお弁当を彩りよく仕上げてくれます。お箸で食べにくい丸い食材はピックを刺せば、食べやすく見た目もグレードアップします。

7 冷凍弁当を活用する

電子レンジで冷凍弁当をあたためてお弁当箱に詰め替えるだけ。おかずは2〜4品入って値段も手頃です。大型スーパーで売られているので、冷凍庫に保存しておけば急用や体調不良でお弁当が作れないときに重宝します。

8 主菜だけを日替わりに

主菜はひき肉、豚肉、鶏肉、魚のローテーション。副菜は冷蔵庫の野菜をゆでて調味料で和えるだけ。あとは卵料理をプラスします。お弁当のメニューのパターンが決まっていれば、悩む必要がありません。あれこれ考えることなく作れてしまうのが一番の時短です。ワンパターンでも日替わりなら飽きることはありません。お弁当作りのハードルを下げたほうが長く続けられます。塩昆布や梅干し、漬け物、ふりかけなど、市販品も上手に使いましょう。

和えるだけ！ 万能タレ＆和え衣

和え物にも炒め物にも！
さっぱりオイスターダレ

オイスターソース味	385kcal	冷蔵 1ヶ月
	（全量）	

材料と作り方（作りやすい分量）
1 保存容器にオイスターソース・ごま油（各大さじ3）、酢（大さじ2）を入れてよく混ぜる。

ほかにも！
・切り干し大根ときゅうりのさっぱり和え
・鶏むね肉とかぶのさっぱりオイスター炒め

小松菜やアスパラでも！
ほうれん草のオイスター和え

材料と作り方（1人分）
1 耐熱ボウルにほうれん草（50g→4cm長さに切る）を入れ、ふんわりとラップをして電子レンジで1分加熱する。5分ほど水にさらして水けをきる。さっぱりオイスターダレ（大さじ1/2）を加えて和える。

⏱ 8分
33kcal

みりんは加熱してアルコール分を飛ばして
ごま和えの素

甘辛味	286kcal	冷蔵 1ヶ月
	（全量）	

材料と作り方（作りやすい分量）
1 耐熱ボウルにみりん（大さじ2）を入れ、ラップをせずに電子レンジで30〜40秒加熱する。
2 粗熱を取り、保存容器に1、白すりごま（大さじ4）、しょうゆ（大さじ2）、砂糖（大さじ1）を入れてよく混ぜる。

さやいんげんやブロッコリーでも！
オクラのごま和え

材料と作り方（1人分）
1 オクラ（2本）はさっとゆでて1cm幅の斜め切りにする。
2 ボウルに1、ごま和えの素（小さじ1）を入れて和える。

⏱ 3分
19kcal

そのままタレとしてお肉などにかけても！
香味ねぎダレ

酸味	358kcal	冷蔵 1ヶ月
	（全量）	

材料と作り方（作りやすい分量）
1 保存容器に長ねぎ（1/2本→みじん切り）、しょうが（2かけ→みじん切り）、しょうゆ（大さじ3）、白いりごま・酢・ごま油（各大さじ2）を入れてよく混ぜる。

ほかにも！
・焼き油揚げの香味和え
・焼き野菜にかけて

ねぎとしょうがが肉にからんで美味！
豚しゃぶと豆苗の香味和え

材料と作り方（1人分）
1 鍋に湯を沸かし、豆苗（30g→3等分に切る）を入れて中火でさっとゆでて、ざるにあげる。同じ湯に酒（大さじ1）、豚ロースしゃぶしゃぶ用肉（50g→半分に切る）を入れて弱火で火が通るまでゆで、ざるにあげる。
2 ボウルに1、香味ねぎダレ（大さじ1と1/2）を入れて和える。

⏱ 7分
188kcal

甘酸っぱくておいしい！
梅ダレ

梅味	722kcal	冷蔵 1ヶ月
	（全量）	

材料と作り方（作りやすい分量）
1 保存容器に梅干し（4個→種を取り除いて叩く）、サラダ油（大さじ6）、酢・はちみつ（各大さじ1）、塩（小さじ1/2）を入れてよく混ぜる。

ほかにも！
・めかじきとごぼうの梅和え
・きゅうりとわかめの梅和え

とろっとしたタレが野菜と相性◎
いんげんの梅和え

材料と作り方（1人分）
1 鍋に湯を沸かし、さやいんげん（3本）を入れて中火でさっとゆで、3cm長さに切る。
2 ボウルに1、梅ダレ（小さじ1）を入れて和える。

⏱5分
31kcal

かけるだけでエスニック風に！
エスニックドレッシング

ナンプラー味	357kcal	冷蔵 2週間
	（全量）	

材料と作り方（作りやすい分量）
1 保存容器にナンプラー・レモン汁・ごま油（各大さじ3）を入れてよく混ぜる。

ほかにも！
・白菜のエスニックサラダ
・えびとセロリのエスニック炒め

なすは皮をむいて口あたりよく
なすと桜えびのエスニックマリネ

材料と作り方（1人分）
1 なす（1/2本→皮をむく）はラップに包んで電子レンジで1分加熱し、食べやすい大きさに切る。
2 ボウルに1、桜えび（大さじ1/2）、エスニックドレッシング（小さじ1）を入れて和える。

⏱5分
27kcal

和え物にぴったり！
カレーマスタードマヨ

カレー味	490kcal	冷蔵 1ヶ月
	（全量）	

材料と作り方（作りやすい分量）
1 保存容器にマヨネーズ（大さじ5）、粒マスタード（大さじ2）、カレー粉（大さじ1）を入れてよく混ぜる。

ほかにも！
・ポテトサラダ
・れんこんのカレーマヨ和え

カレーとマスタードのコク旨コンビ！
ブロッコリーのカレーマヨ和え

材料と作り方（1人分）
1 ブロッコリー（30g→小房に分ける）は耐熱皿にのせ、ふんわりとラップをして電子レンジで1分加熱する。水けを拭き取り、カレーマスタードマヨ（小さじ2）を入れて和える。

⏱3分
62kcal

副菜バリエ

パッとお弁当がかわいくなる！ 飾りピックの活用テク

くねくねきゅうり

きゅうりをピーラーで縦に薄くむき、蛇腹に折りたたんで、上からピックを刺す。

くるくるきゅうり

きゅうりをピーラーで縦に薄くむき、端からくるくると巻いて巻き終わりをピックでとめる。

枝豆ピック

枝豆をさやから出し、好みの個数をピックに刺す。

ミニトマトときゅうりのピンチョス

きゅうりを輪切りに、トマトを半分に切る。トマトの断面を上にしてきゅうりにのせ、ピックで刺す。

ハムチーズサンド

ハムとスライスチーズを交互に何層にも重ねて1cm四方に切り、ピックでとめる。

ハムの花

丸形のハムを半分に折り、輪になった部分に端から5mm幅ずつ5mm長さの切り込みを入れ、端からくるくる巻いてピックでとめる。

くるくるしそちくわ

ちくわは縦に切れ目を入れ、焼き目を上にして広げ、青じそをのせて端からくるくる巻き、ピックでとめる。

ハート卵焼き

卵焼き1人分を横にして置き、斜めに切る。切った片側の上下を返し、断面同士を合わせて横からピックを刺す。

これで満腹！
ごはん、パン、めんレシピ

ごはん、パン、めんの彩りもきれいなレシピを紹介。
ボリューム満点でたんぱく質食材と野菜もたっぷり。
栄養満点かつ、大満足のバリエーション豊かなレシピをぜひ参考にしてください。

ごはん弁当

お弁当を開けた瞬間ふわっと香る！

鮭と根菜の炊き込みごはん

しょうゆ味	⏱10分	333kcal

（炊飯の時間は除く）

材料（作りやすい分量）

米——2合

鮭フレーク——50g

れんこん——50g

にんじん——40g

ごぼう——1/2本

A｜しょうゆ・酒——各大さじ1
　｜塩——小さじ1/4

下準備

・米は洗ってざるにあげ、水けをきる。

・れんこん、にんじんは2〜3mm幅のいちょう切りに、ごぼうは縦半分に切って2〜3mm幅の斜め切りにする。れんこんとごぼうはさっと水にさらして水けをきる。

作り方

1 炊飯釜に米、Aを入れ、水を2合の目盛りまで加えてさっと混ぜる。れんこん、ごぼう、にんじん、鮭フレークを加えて炊飯する。

2 炊けたら全体をさっくりと混ぜる。

彩りきれいで見た目も華やか！

ウインナーとブロッコリーのカレーピラフ

カレー味	⏱10分	407kcal

（炊飯の時間は除く）

材料（作りやすい分量）

米——2合

ウインナー——6本

ブロッコリー——1/2個

パプリカ（黄）——1/2個

A｜白ワイン・オリーブ油
　｜——各大さじ1
　｜カレー粉——小さじ2
　｜洋風スープの素
　｜——大さじ1/2
　｜塩——小さじ2/3
　｜こしょう——少々

下準備

・米は洗ってざるにあげ、水けをきる。

・ウインナーは1cm幅の輪切りにする。

・ブロッコリーはざく切りに、パプリカは1cm角に切る。

作り方

1 炊飯釜に米、Aを入れ、水を2合の目盛りまで加えてさっと混ぜる。ウインナーを加えて炊飯する。

2 炊けたらブロッコリー、パプリカを加え、蓋をしてさらに15分ほど蒸らし、全体をさっくりと混ぜる。

甘いさつまいもをふんだんに使って！

ちくわとさつまいもの中華風炊き込みごはん

しょうゆ味	⏱10分	375kcal
		（炊飯の時間は除く）

材料（作りやすい分量）

		A	
米——2合			しょうゆ——大さじ1
ちくわ——小4本			ごま油——大さじ1/2
さつまいも——1本（正味180g）			鶏がらスープの素——小さじ1
ザーサイ（粗みじん切り）——30g			塩——小さじ1/2

下準備

・米は洗ってざるにあげ、水けをきる。

・ちくわは1cm幅の輪切りにする。

・さつまいもは1cm幅のいちょう切りにし、さっと水にさらして水けをきる。

作り方

1 炊飯釜に米、Aを入れ、水を2合の目盛りまで加えてさっと混ぜる。ザーサイ、ちくわ、さつまいもを加えて炊飯する。

2 炊けたら全体をさっくりと混ぜる。

ケチャップライスとベーコンがマッチ！

炊き込みベーコンライス

トマトケチャップ味	⏱10分	415kcal
		（炊飯の時間は除く）

材料（作りやすい分量）

		A	
米——2合			トマトケチャップ——大さじ5
ベーコン——5枚			白ワイン——大さじ1
にんじん——80g			塩——小さじ1
ピーマン——2個			こしょう——少々
玉ねぎ——1/4個			バター——10g

下準備

・米は洗ってざるにあげ、水けをきる。

・ベーコンは1cm幅の細切りにする。

・にんじん、ピーマンは1cm角に切り、玉ねぎは粗みじん切りにする。

作り方

1 炊飯釜に米、Aを入れ、水を2合の目盛りまで加えてさっと混ぜる。ベーコン、にんじん、玉ねぎ、バターを加えて炊飯する。

2 炊けたらピーマンを加え、蓋をしてさらに10分ほど蒸らし、全体をさっくりと混ぜる。

プリプリのえびでボリューミー！

えびとアスパラのピラフ

| 塩味 | ⏱10分 | 569kcal |

材料（1人分）

ごはん——250g 　　塩——小さじ1/3
むきえび——100g 　　こしょう——少々
アスパラガス——2本 　　バター——10g
玉ねぎ——1/4個

下準備

・えびは片栗粉（分量外）をまぶして流水で揉み洗いし、水けを拭き取る。
・アスパラガスは1cm幅の小口切りに、玉ねぎは粗みじん切りにする。

作り方

1 フライパンにバターを中火で熱し、えびを入れて色が変わるまで炒める。

2 アスパラガス、玉ねぎを加え、しんなりするまで炒める。

3 ごはんを加えてパラッとするまで炒め、塩、こしょうを加えて炒め合わせる。

ごま油香るコク旨チャーハン！

ハムと卵のチャーハン

| しょうゆ味 | ⏱9分 | 592kcal |

材料（1人分）

ごはん——250g 　　卵——1個
ハム——2枚 　　A｜しょうゆ——大さじ1/2
ピーマン——1個 　　　｜塩・こしょう——各少々
長ねぎ（粗みじん切り） 　　ごま油——大さじ1/2
　——1/4本分

下準備

・ハム、ピーマンは1cm四方に切る。
・卵は溶きほぐす。

作り方

1 フライパンに油を中火で熱し、ハム、ピーマン、長ねぎを入れてしんなりするまで炒める。

2 卵を加えてふんわり火が通るまで炒める。

3 ごはんを加えてパラッとするまで炒め、Aを加えて炒め合わせる。

調味料が全体になじむようにしっかり混ぜて！

牛肉ときのこの甘辛混ぜごはん

甘辛味	⏱10分	655kcal

材料（1人分）

ごはん――250g	A	しょうゆ――大さじ1
牛切り落とし肉――100g		砂糖・酒――各小さじ2
しめじ――50g		サラダ油――大さじ1/2
しいたけ――1個		

下準備

・牛肉は大きければ一口大に切る。

・しめじは小房に分け、しいたけは5mm幅に切る。

作り方

1 フライパンに油を中火で熱し、牛肉を入れて色が変わるまで炒める。

2 しめじ、しいたけを加えてしんなりするまで炒め、**A**を加えて汁が少なくなるまで炒める。

3 ボウルにごはん、**2**を入れてさっくりと混ぜる。

セロリの歯応えを楽しんで！

鶏ひき肉とセロリの梅混ぜごはん

梅味	⏱9分	630kcal

材料（1人分）

ごはん――250g	A	酒――大さじ1/2
鶏ひき肉――100g		塩――小さじ1/4
セロリ（葉つき）――1/2本		サラダ油――大さじ1/2
梅干し――1個		

下準備

・セロリは5mm幅の小口切りにし、葉はざく切りにする。

・梅干しは種を取り除いて叩く。

作り方

1 フライパンに油を中火で熱し、ひき肉を加えてポロポロになるまで炒める。

2 セロリの茎を加えてしんなりするまで炒め、梅干し、**A**を加えてさっと炒める。

3 ボウルにごはん、**2**、セロリの葉を入れてさっと混ぜる。

アレンジ

・ひき肉を豚こま切れ肉やえびに変えて

・セロリを春菊やクレソンに変えて

タレのしみ込んだごはんと一緒に！

豚丼

甘辛味	⏱10分	755kcal

材料（1人分）

ごはん──250g	A	水──1/4カップ
豚こま切れ肉──100g		しょうゆ・酒・みりん
玉ねぎ──1/6個		──各大さじ1
にんじん──20g		砂糖──大さじ1/2
しめじ──50g		サラダ油──小さじ1

下準備

・豚肉は大きければ一口大に切る。

・玉ねぎは5mm幅の薄切りに、にんじんは2〜3mm幅のいちょう切りにする。

・しめじは小房に分ける。

作り方

1 フライパンに油を中火で熱し、豚肉を入れて色が変わるまで炒める。

2 玉ねぎ、にんじん、しめじを加えて炒め、Aを加えて沸騰したら弱火にし、7〜8分煮る。

3 お弁当箱にごはんを詰めて2をのせる。

ピリッとした辛味が後を引く！

豚キムチ丼

キムチ味	⏱10分	674kcal

材料（1人分）

ごはん──250g	にら──10g
豚こま切れ肉──100g	しょうゆ──大さじ1/2
もやし──100g	ごま油──小さじ1
キムチ──50g	

下準備

・豚肉は大きければ一口大に切る。

・もやしはひげ根を取る。キムチはざく切りに、にらは5cm長さに切る。

作り方

1 フライパンに油を中火で熱し、豚肉を入れて色が変わるまで炒める。

2 もやし、キムチを加えてしんなりするまで炒め、にらを加えて炒め、しょうゆを加えてさっと炒める。

3 お弁当箱にごはんを詰めて2をのせる。

インパクト大の贅沢弁当
ねぎ塩焼肉丼

塩味	⏱10分	852kcal

材料（1人分）

ごはん——250g
牛焼肉用肉——100g
塩——小さじ1/8
こしょう——少々
かぼちゃ——50g
ピーマン——1個

A｜長ねぎ（みじん切り）
　　——10cm分
　｜レモン汁・ごま油——各小さじ1
　｜塩——小さじ1/8
　｜こしょう——少々
サラダ油——小さじ1

下準備
・牛肉は塩、こしょうをふる。
・かぼちゃは1cm幅に切り、ピーマンは縦4つ割りにする。
・Aは混ぜ合わせる。

作り方

1 フライパンに油を中火で熱し、牛肉、かぼちゃ、ピーマンを入れて焼き、火が通ったものから取り出す。

2 お弁当箱にごはんを詰めて1をのせ、Aをかける。

よく混ぜ合わせて召し上がれ！
タコライス

トマトケチャップ味	⏱10分	828kcal

材料（1人分）

ごはん——250g
合いびき肉——100g
玉ねぎ——1/6個
レタス——1枚
きゅうり——1/5本
ミニトマト——2個

プロセスチーズ——1個
A｜トマトケチャップ——大さじ2
　｜中濃ソース・酒——各大さじ1
　｜カレー粉——小さじ1/2
　｜塩——小さじ1/8
　｜こしょう——少々
サラダ油——大さじ1/2

下準備
・玉ねぎはみじん切り、レタスは5mm幅の細切りにする。
・きゅうりは縦4等分に切って1cm幅に切り、ミニトマトは半分に切る。チーズは1cm角に切る。
・Aは混ぜ合わせる。

作り方

1 フライパンに油を中火で熱し、ひき肉を入れて色が変わるまで炒める。

2 玉ねぎを加えてしんなりするまで炒め、Aを加えてさっと炒める。

3 お弁当箱にごはんを詰めてレタスを敷き、2、きゅうり、ミニトマト、チーズを並べる。

縦書き：ごはん弁当

温泉卵は食べるときに割ってのせて！

ビビンバ

ピリ辛味	⏱10分	781kcal

材料（1人分）

ごはん──250g	**A**	コチュジャン──小さじ2
牛切り落とし肉 ──100g		しょうゆ──小さじ1/2
にんじん──30g		砂糖──小さじ1
小松菜──1/4袋	**B**	白すりごま・ごま油──各小さじ1
えのき──30g		塩──小さじ1/8
	温泉卵──1個	
	サラダ油──小さじ1	

下準備

・牛肉は大きければ一口大に切る。

・にんじんは細切りに、小松菜は3cm長さに切る。

・えのきは長さを半分に切ってほぐす。

・Aは混ぜ合わせる。

作り方

1 フライパンに油を中火で熱し、牛肉を入れて色が変わるまで炒め、Aを加えてからめる。

2 耐熱ボウルににんじん、小松菜、えのきを入れてふんわりとラップをし、電子レンジで1分加熱する。しんなりしたら水けを絞り、Bを加えてからめる。

3 お弁当箱にごはんを詰めて1、2をのせる。温泉卵は殻のまま持っていく。

※温泉卵は気温の高い日は避け、保冷剤を必ずつけてください。

肉と野菜たっぷりのもりもり丼

ガパオ丼

オイスターソース味	⏱10分	700kcal

材料（1人分）

ごはん──250g	**A**	酒──大さじ1
豚ひき肉──100g		オイスターソース──小さじ2
なす──1本		ナンプラー──小さじ1
さやいんげん──2本		バジル（乾燥）──小さじ1/2
パプリカ（赤） ──1/8個	**B**	赤唐辛子（小口切り）──1/2本分
		にんにく（みじん切り） ──1/2かけ分
	サラダ油──小さじ1	

下準備

・なすは1cm幅のいちょう切りにし、さっと水にさらして水けをきる。さやいんげんは2cm幅に切る。パプリカは5mm幅の細切りにし、長さを3等分に切る。

・Aは混ぜ合わせる。

作り方

1 フライパンに油を中火で熱し、ひき肉を入れて色が変わるまで炒める。

2 B、なす、さやいんげん、パプリカを加えてしんなりするまで炒め、Aを加えて汁けがなくなるまで炒める。

3 お弁当箱にごはんを詰めて2をのせる。

とろみのあるあんとごはんをからめて！

厚揚げ麻婆丼

オイスターソース味	⏱10分	647kcal

材料（1人分）

ごはん——250g	**B**	長ねぎ（みじん切り）——1/5本分
豚ひき肉——50g		しょうが（みじん切り）——1/2かけ分
厚揚げ——1/2枚		豆板醤——小さじ1/8
しいたけ——1個	小ねぎ（3cm長さに切る）——2本分
A 水——80ml	水溶き片栗粉
酒——大さじ1	——片栗粉小さじ1/2 + 水小さじ1
オイスターソース	ごま油——小さじ1
——大さじ1/2	
しょうゆ——小さじ1/2	

下準備

・厚揚げは1cm幅の一口大に切る。
・しいたけは5mm幅に切る。
・Aは混ぜ合わせる。

作り方

1 フライパンに油、Bを入れて弱火で炒める。香りが出たら中火にし、ひき肉を入れて色が変わるまで炒める。

2 Aを加え、沸騰したら厚揚げ、しいたけを加えて弱火で4〜5分煮る。小ねぎを加え、さっと煮る。水溶き片栗粉を加えてとろみをつける。

3 お弁当箱にごはんを詰めて2をのせる。

食べるときにタレをかけて！

蒸し鶏のっけ丼

しょうゆ味	⏱10分	678kcal

材料（1人分）

ごはん——250g	パプリカ（赤）——1/8個
鶏むね肉	**B** ごま油——小さじ1/2
——1/2枚（150g）	塩——少々
A 酒——小さじ1	パクチー・サニーレタス——各適量
塩——小さじ1/8	**C** しょうゆ——小さじ2
こしょう——少々	ごま油——小さじ1
もやし——1/4袋	しょうが（すりおろし）
	——小さじ1/2

下準備

・鶏肉は耐熱皿にのせ、Aをからめてふんわりとラップをし、電子レンジで3分加熱する。粗熱が取れたら食べやすい大きさに切る。
・もやしはひげ根を取る。パプリカは薄切りにし、長さを半分に切る。耐熱ボウルに入れてふんわりとラップをし、電子レンジで1分加熱する。粗熱が取れたら水けを絞り、Bを加えて和える。
・Cは混ぜ合わせ、密閉容器に入れる。

作り方

1 お弁当箱にごはんを詰めて鶏肉、もやし、パプリカ、パクチー、サニーレタスを盛りつける。Cをかけていただく。

ごはん弁当

お好みで切って詰めても!

肉巻きおにぎり

甘辛味	⏱10分	543kcal

材料（1人分）
ごはん——200g
牛薄切り肉——4枚
紅しょうが（粗みじん切り）——20g
サラダ油——大さじ1/2

A｜しょうゆ・酒——各大さじ1
　｜砂糖——小さじ2
　｜白いりごま——適量

作り方
1　ボウルにごはん、紅しょうがを入れて混ぜる。

2　1を2等分にし、ラップで包んで俵形ににぎり、牛肉を2枚ずつ巻く。同様にもう1個作る。

3　フライパンに油を中火で熱し、2を入れて全面に焼き色がつくまで焼く。Aを加え、さっとからめて白いりごまをふる。

おいしすぎてペロリと食べられる!

梅としらすのおにぎり

梅味	⏱5分	367kcal

材料（1人分）
ごはん——200g
梅干し——1個
冷凍枝豆——50g（正味25g）
しらす——大さじ2
塩——少々

下準備
・梅干しは種を取り除いてちぎる。
・枝豆は解凍してさやから出す。

作り方
1　ボウルにごはん、梅干し、枝豆、しらすを入れて混ぜる。

2　1を2等分にし、ラップで包んで三角ににぎり、塩をふる。同様にもう1個作る。

見た目で楽しい! 食べておいしい!

照り焼きチキンのおにぎらず

甘辛味	⏱10分	533kcal
（おく時間は除く）

材料（1人分）
ごはん——200g
鶏むね肉——1/4枚（75g）
小麦粉——適量
A｜砂糖・しょうゆ・酒——各小さじ2
焼きのり（全形）——2枚
サラダ菜——4枚
サラダ油——小さじ1

下準備
・鶏肉はそぎ切りにして小麦粉をまぶす。
・Aは混ぜ合わせる。

作り方
1　フライパンに油を中火で熱し、鶏肉を入れて焼き色がつくまで焼く。裏返して弱火にし、1～2分焼いてAを加え、からめる。

2　のりの角を手前にして置き、中央に1/4のごはんを薄く広げる。サラダ菜2枚、1の半量、1/4量のごはんを順にのせる。

3　のりの角を中央に向かって折りたたみ、ぴっちりとラップで包む。同様にもう1個作る。10分ほどおいて半分に切る。

たらこの塩味とコーンの甘みが絶妙!

たらことコーンのおにぎり

塩味	⏱8分	362kcal

材料（1人分）
ごはん——200g
たらこ——1/4腹（20g）
ホールコーン缶——1/2缶（30g）
塩——少々

下準備
・たらこはグリルで4分焼き、粗くほぐす。
・コーンは汁けをきる。

作り方
1　ボウルにごはん、たらこ、コーンを入れて混ぜる。

2　1を2等分にし、ラップで包んで三角ににぎり、塩をふる。同様にもう1個作る。

おかかが香るやさしい味つけ!

おかかチーズのおにぎり

チーズ味	⏱5分	405kcal

材料（1人分）
ごはん——200g
プロセスチーズ——25g
小ねぎ（小口切り）——2本分
削り節——2g
めんつゆ（3倍濃縮）——小さじ1
塩——少々

下準備
・プロセスチーズは1cm角に切る。

作り方
1　ボウルにすべての材料を入れて混ぜる。

2　1を2等分にし、ラップで包んで三角ににぎり、塩をふる。同様にもう1個作る。

彩りがきれいでお弁当がパッと明るく!

鮭と炒り卵のおにぎらず

塩味	⏱10分	585kcal
（おく時間は除く）

材料（1人分）
ごはん——200g
塩鮭——小1切れ（70g）
卵——1個
A｜牛乳——大さじ1/2
　｜塩・こしょう——各少々
赤しそふりかけ——小さじ1/2
焼きのり（全形）——2枚
青じそ——4枚
サラダ油——小さじ1

下準備
・塩鮭はそぎ切りにしてグリルで3分焼く。
・卵は溶きほぐし、Aを加えて混ぜる。

作り方
1　ボウルにごはん、赤しそふりかけを入れて混ぜる。

2　フライパンに油を中火で熱し、卵液を流し入れてふんわりと炒め、取り出す。

3　のりの角を手前にして置き、中央に1/4量の1を薄く広げる。青じそ2枚、鮭と2の半量、1/4量の1を順にのせる。

4　のりの角を中央に向かって折りたたみ、ぴっちりとラップで包む。同様にもう1個作る。10分ほどおいて半分に切る。

パン弁当

チーズとマーマレードの間違いない組み合わせ！

クリームチーズ
マーマレードサンド

チーズ味	⏱10分	395kcal

材料（1人分）
食パン（8枚切り）──2枚
クリームチーズ──20g
オレンジマーマレード──大さじ1と1/2

下準備
・クリームチーズは耐熱皿に入れてふんわりとラップをし、電子レンジで10秒加熱してやわらかくする。

作り方
1 食パン1枚にクリームチーズ、オレンジマーマレードをぬる。もう1枚の食パンで挟み、ラップで包んで5分ほどなじませ、3等分に切る。

アレンジ
・マーマレードジャムをいちごジャムやブルーベリージャムに変えて

ボリュームと満足感のあるサンドイッチ

さばサンド

ナンプラー味	⏱5分	407kcal

（おく時間は除く）

材料（1人分）
バゲット──12cm分
さば缶（水煮）──1/2缶（100g）
にんじん──30g
セロリ──1/3本
塩──小さじ1/8

A｜ナンプラー・レモン汁
　｜──各小さじ1
　｜砂糖──小さじ1/2
パクチー──適量
オリーブ油──小さじ1

下準備
・さばは汁けをきって大きめにほぐす。
・にんじんはせん切りに、セロリは斜め薄切りにして合わせてボウルに入れ、塩をまぶして10分ほどおく。しんなりしたら水けを絞り、Aを加えて和える。

作り方
1 バゲットは縦に切れ目を入れて内側にオリーブ油をぬり、さば、にんじん、セロリ、パクチーを挟む。

濃厚なツナマヨにきゅうりが合う！

わさびツナマヨサンド

マヨネーズ味	⏱5分	382kcal

（おく時間は除く）

材料（1人分）
バターロール──2個
ツナ缶（水煮）──1缶（70g）
A｜マヨネーズ──大さじ1
　｜わさび──小さじ1/4
きゅうり──1/2本
塩──少々
バター──適量

下準備
・ツナは汁けをきり、Aを加えて混ぜる。
・きゅうりは小口切りにしてボウルに入れ、塩をまぶして10分ほどおき、水けを絞る。

作り方
1 バターロールに切れ目を入れて内側にバターをぬり、ツナ、きゅうりを半量ずつ挟む。同様にもう1個作る。

小ねぎがよいアクセントに！

和風たまごサンド

マヨネーズ味	⏱10分	444kcal

材料（1人分）
食パン（8枚切り）──2枚
ゆで卵──1個
小ねぎ（小口切り）──1本分
A｜マヨネーズ──大さじ1
　｜みそ──小さじ1/2

下準備
・ゆで卵は粗く刻む。

作り方
1 ボウルにゆで卵、小ねぎ、Aを入れて混ぜ、食パン1枚にぬる。もう1枚の食パンで挟み、ラップで包んで5分ほどなじませ、半分に切る。

アレンジ
・みそを削り節に変えて
・一緒に青じそを挟んで風味アップ

パン弁当

バターロールで食べやすいサイズ！

ベーコンエッグサンド

塩味	⏱10分	529kcal

材料（1人分）

バターロール——2個　　　　ベーコン——1枚

卵——1個　　　　　　　　　グリーンカール——1枚

A│牛乳・粉チーズ　　　　　バター——適量

　│　　　——各大さじ1/2　オリーブ油——小さじ2

　│塩・こしょう——各少々　トマトケチャップ——適宜

下準備

・卵は溶きほぐし、Aを加えて混ぜる。

・ベーコンは4等分に切る。

・グリーンカールは食べやすい大きさにちぎる。

作り方

1 フライパンに半量の油を中火で熱し、卵液を流し入れてさっと炒め、取り出す。

2 1のフライパンをさっと拭いて残りの油を中火で熱し、ベーコンをこんがり焼く。

3 バターロールに切れ目を入れて内側にバターをぬり、1、2、グリーンカールを半量ずつ挟む。同様にもう1個作る。好みでトマトケチャップをかける。

甘辛ダレの焼肉で止まらないおいしさ！

焼肉レタスサンド

甘辛味	⏱10分	586kcal

材料（1人分）

食パン（8枚切り）——2枚

牛切り落とし肉——100g

パプリカ（赤）——15g

焼肉のタレ——大さじ1と1/2

レタス——2枚

バター——適量

サラダ油——小さじ1

下準備

・牛肉は大きければ食べやすい大きさに切る。

・パプリカは2～3mm幅の輪切りにする。

作り方

1 フライパンに油を中火で熱し、牛肉を入れて色が変わるまで炒め、焼肉のタレを加えてさっとからめる。

2 食パンはトーストしてバターをぬり、1枚にレタス、パプリカ、牛肉をのせる。もう1枚の食パンで挟み、ラップで包んで5分ほどなじませ、半分に切る。

かぼちゃとチーズがやみつきに！

マッシュかぼちゃと
カマンベールサンド

チーズ味	⏱8分	372kcal

材料（1人分）

バターロール——2個　　　　カマンベールチーズ——1/4個

かぼちゃ——80g（正味）　　クレソン——適量

A│牛乳——小さじ2

　│レーズン——大さじ1/2

　│はちみつ——小さじ1

下準備

・かぼちゃは皮をむいて一口大に切り、耐熱ボウルに入れる。ふんわりとラップをして電子レンジで3分加熱し、水けを拭き取ってつぶし、Aを加えて混ぜる。

・チーズは4等分に切る。

作り方

1 バターロールに切れ目を入れ、かぼちゃ、チーズ、クレソンを半量ずつ挟む。同様にもう1個作る。

切った断面もかわいい！

タラモサラダサンド

マヨネーズ味	⏱10分	597kcal
（粗熱を取る時間は除く）

材料（1人分）

食パン（8枚切り）——2枚　　A│マヨネーズ——大さじ2

じゃがいも——1個　　　　　　│塩・こしょう——各少々

たらこ——大さじ2

さやいんげん——3本

下準備

・じゃがいもは一口大に切って耐熱ボウルに入れ、ふんわりとラップをして電子レンジで3分加熱し、水けを拭き取る。熱いうちにつぶし、たらこを加えて混ぜ、粗熱が取れたらAを加えてさっと混ぜる。

・さやいんげんはさっと塩ゆでして半分に切る。

作り方

1 食パン2枚にじゃがいもを半量ずつ広げ、うち1枚の中央にさやいんげんを端から等間隔になるようにのせる。

2 もう1枚の食パンをのせて挟み、ラップで包んで5分ほどなじませ、半分に切る。

めん弁当

パンチのあるゆずこしょうが香る！

ひき肉とほうれん草の
ゆずこしょうパスタ

ゆずこしょう味	⏱8分	666kcal
		（ゆでる時間は除く）

材料（1人分）

スパゲティ（1.6mm太さ）……100g

豚ひき肉……100g

ほうれん草……1/2袋

長ねぎ（5mm幅の斜め切り）
……1/3本分

A｜スパゲティのゆで汁
　　……大さじ3
　｜酒……大さじ1
　｜めんつゆ（3倍濃縮）
　　……小さじ2
　｜ゆずこしょう……小さじ1/4
サラダ油……大さじ1/2

下準備

・ほうれん草はラップで包んで電子レンジで1分加熱し、さっと水にさらして5cm長さに切る。

作り方

1 スパゲティは袋の表示より1分短くゆで、ざるにあげる。

2 フライパンに油を中火で熱し、ひき肉を入れて色が変わるまで炒める。

3 長ねぎを加えてさっと炒め、スパゲティ、ほうれん草、Aを加えてからめる。

トマトの酸味がたまらない！

ベーコンとしめじの
トマトスパゲティ

トマト味	⏱10分	646kcal
		（ゆでる時間は除く）

材料（1人分）

スパゲティ（1.6mm太さ）……100g

ベーコン……2枚

玉ねぎ……1/4個

さやいんげん……3本

しめじ……50g

にんにく（みじん切り）……1/2かけ分

A｜カットトマト缶
　　……1/2缶（200g）
　｜水……1/4カップ
　｜塩……小さじ1/2
　｜こしょう……少々
オリーブ油……大さじ1/2

下準備

・ベーコンは1cm幅の細切りにする。

・玉ねぎは薄切りに、さやいんげんは斜め切りにする。

・しめじは小房に分ける。

作り方

1 スパゲティは袋の表示より1分短くゆで、ざるにあげる。

2 フライパンに油、にんにくを入れて弱火にかける。香りが出たら中火にし、ベーコンを加えてこんがりするまで炒める。

3 玉ねぎ、しめじ、さやいんげんを加えて炒め、Aを加える。沸騰したら弱火にし、5～6分煮て1を加え、さっとからめる。

少しくずしたブロッコリーがパスタにからむ！

鮭とブロッコリーの
ペペロンチーノ

シーフードミックスを使えば簡単！

シーフードと小松菜の
ナンプラースパゲティ

ピリ辛味	⏱7分	638kcal

（ゆでる時間は除く）

材料（1人分）

スパゲティ（1.6mm太さ）——100g

鮭フレーク——40g

ブロッコリー——1/3個

A｜にんにく（みじん切り）——1かけ分
｜赤唐辛子（小口切り）——1/2本分

B｜スパゲティのゆで汁——大さじ3
｜塩・こしょう——各少々

オリーブ油——大さじ1

下準備

・ブロッコリーは小房に分ける。

作り方

1 スパゲティとブロッコリーを一緒に湯に入れ、スパゲティの袋の表示より1分短くゆで、ざるにあげる。

2 フライパンに油、Aを入れて弱火にかける。香りが出たら中火にし、鮭フレーク、1、Bを入れ、ブロッコリーをくずしながらさっと混ぜる。

ナンプラー味	⏱10分	484kcal

（解凍、ゆでる時間は除く）

材料（1人分）

スパゲティ（1.6mm太さ）——100g

シーフードミックス——100g

小松菜——1/2袋

A｜スパゲティのゆで汁——大さじ3
｜ナンプラー——小さじ2
｜粗びき黒こしょう——少々

オリーブ油——大さじ1/2

下準備

・シーフードミックスは塩水につけて解凍する。

・小松菜は5cm長さに切る。

作り方

1 スパゲティは袋の表示より1分短くゆで、ざるにあげる。

2 フライパンに油を中火で熱し、シーフードミックスを入れて色が変わるまで炒める。

3 小松菜を加えてさっと炒め、1、Aを入れてさっとからめる。

めん弁当

きれいに並べられた食材で気分が上がる！

冷やし中華弁当

| 酸味 | ⏱10分 | 586kcal |

材料（1人分）

中華めん——1玉	塩・こしょう——各少々
きゅうり——1/3本	**A** しょうゆ——大さじ1
ミニトマト——2個	砂糖・酢——各小さじ2
ハム——2枚	ごま油——小さじ1
卵——1個	サラダ油・ごま油——各小さじ1

下準備

・きゅうりは細切りに、ミニトマトは半分に切る。

・ハムは半分に切って5mm幅に切る。

・ボウルに卵を溶きほぐし、塩、こしょうを加えて混ぜる。

・**A**は混ぜ合わせ、密閉容器に入れる。

作り方

1 フライパンにサラダ油を中火で熱し、卵液を流し入れてさっと炒め、炒り卵を作る。

2 中華めんは袋の表示時間通りにゆでてざるにあげ、流水でしっかり揉み洗いをする。水けをきってボウルに入れ、ごま油を加えてからめる。

3 お弁当箱に**2**を入れてきゅうり、ミニトマト、ハム、**1**を盛りつける。**A**をかけていただく。

赤パプリカで彩りアップ！

豚肉とキャベツの塩昆布焼きそば

| 塩味 | ⏱10分 | 496kcal |

材料（1人分）

焼きそばめん——1玉	水——大さじ2
豚こま切れ肉——100g	**A** 塩昆布——10g
塩・こしょう——各少々	しょうゆ——小さじ1/2
キャベツ——1枚（50g）	サラダ油——大さじ1/2
パプリカ（赤）——1/8個	

下準備

・豚肉は大きければ一口大に切って塩、こしょうをふる。

・キャベツは1cm幅の細切りにする。パプリカは5mm幅の細切りにし、長さを半分に切る。

作り方

1 フライパンに油を中火で熱し、豚肉を入れて色が変わるまで炒める。キャベツ、パプリカを加えてしんなりするまで炒める。

2 焼きそばめん、水を加え、めんをほぐしながら水けがなくなるまで炒め、**A**を加えてさっと炒める。

鶏肉がゴロッと入ってボリューム満点!
ソース焼きそば

ソース味	⏱10分	441kcal

材料（1人分）

焼きそばめん——1玉
鶏もも肉——1/4枚（75g）
塩・こしょう——各少々
チンゲン菜——1/2株
水——大さじ2
ウスターソース——大さじ2
サラダ油——大さじ1/2

下準備

・鶏肉は小さめの一口大に切って塩、こしょうをふる。
・チンゲン菜は4cm長さに切り、茎は縦半分に切る。

作り方

1 フライパンに油を中火で熱し、鶏肉を入れて火が通るまで炒め、チンゲン菜を加えてさっと炒める。

2 焼きそばめん、水を加え、めんをほぐしながら水けがなくなるまで炒め、ウスターソースを加えてさっとからめる。

野菜もたっぷりとれる!
オイスター焼きそば

オイスターソース味	⏱10分	400kcal

（解凍時間は除く）

材料（1人分）

焼きそばめん——1玉
シーフードミックス——100g
長ねぎ（5mm幅の斜め切り）——1本分
にんじん——30g
水——大さじ2
A｜オイスターソース——大さじ1と1/2
　｜酒——大さじ1
サラダ油——大さじ1/2

下準備

・シーフードミックスは塩水につけて解凍する。
・にんじんは縦半分に切り、2～3mm幅の斜め切りにする。

作り方

1 フライパンに油を中火で熱し、シーフードミックスを入れて色が変わるまで炒め、長ねぎ、にんじんを加えてしんなりするまで炒める。

2 焼きそばめん、水を加え、めんをほぐしながら水けがなくなるまで炒め、Aを加えてからめる。

ごはん、パン、めんレシピ

めん弁当

シャキシャキ野菜とコーンがおいしい！
サラダうどん

マヨネーズ味	⏱10分	372kcal

材料（1人分）

冷凍うどん——1玉	レタス——1枚（40g）
鶏ささみ肉——小1本（50g）	にんじん——10g
A 酒——小さじ1	ホールコーン缶——大さじ2
塩——少々	めんつゆ（ストレート）——適量
マヨネーズ——大さじ1	

下準備

・鶏ささみ肉は耐熱皿にのせてAをからめ、ふんわりとラップをして電子レンジで1分30秒加熱する。粗熱が取れたらほぐし、マヨネーズを加えて和える。

・レタスは5mm幅の細切りにする。にんじんはせん切りにする。

・コーンは汁けをきる。

・めんつゆは密閉容器に入れる。

作り方

1 冷凍うどんは袋の表示通り電子レンジで加熱し、冷水でしめて水けをきる。

2 お弁当箱に1を詰め、レタス、にんじん、コーン、鶏ささみ肉を順にのせる。めんつゆをかけていただく。

暑い夏にもぴったり！
ごまみそ冷やしうどん

みそ味	⏱8分	319kcal

材料（1人分）

冷凍うどん——1玉	A 水——大さじ4と1/2
ちくわ——1本	白すりごま——大さじ2
もやし——50g	みそ・めんつゆ（3倍濃縮）
わかめ（乾燥）	——各大さじ1
——小さじ1	砂糖——小さじ1

下準備

・ちくわは斜め切りにする。

・もやしはひげ根を取って耐熱ボウルに入れ、ふんわりとラップをして電子レンジで30秒加熱する。

・わかめは水で戻す。

・Aは混ぜ合わせ、密閉容器に入れる。

作り方

1 冷凍うどんは袋の表示通り電子レンジで加熱し、冷水でしめて水けをきる。

2 お弁当箱に1を詰め、ちくわ、もやし、わかめを並べてのせる。Aをかけていただく。

パプリカを入れて食感をプラス!

豚肉と水菜の焼きうどん

しょうゆ味	⏱10分	690kcal

材料(1人分)

ゆでうどん──1玉

豚こま切れ肉──100g

塩──小さじ1/8

こしょう──少々

パプリカ(黄)──1/3個

水菜──1/6袋

A|しょうゆ・酒──各大さじ1

サラダ油──大さじ1/2

下準備

・豚肉は大きければ一口大に切り、塩、こしょうをふる。

・パプリカは5mm幅の細切りにし、長さを半分に切る。水菜は5cm長さのざく切りにする。

作り方

1 フライパンに油を中火で熱し、豚肉を入れて色が変わるまで炒める。

2 パプリカを加えて炒め、ゆでうどんを加える。Aを加えて炒め、水菜を加えてさっと炒める。

カレー味の辛旨うどん

ベーコンとピーマンの スパイシー焼きうどん

ソース味	⏱8分	477kcal

材料(1人分)

ゆでうどん──1玉

ベーコン──2枚

ピーマン──1個

セロリ──1/2本

A|ウスターソース──大さじ2

　　酒──大さじ1

　　カレー粉──小さじ1

サラダ油──大さじ1/2

下準備

・ベーコンは1cm幅の細切りにする。

・ピーマンは5mm幅の細切りに、セロリは2〜3mm幅の斜め切りにする。

作り方

1 フライパンに油を中火で熱し、ベーコン、ピーマン、セロリを入れてしんなりするまで炒める。

2 ゆでうどんを加え、Aを加えてからめる。

ごはん、パン、めんレシピ

めんつゆをかけてさっぱりと！

豚しゃぶ梅大根そば

梅味	⏱10分	376kcal

材料（1人分）

ゆでそば──1玉

豚ロースしゃぶしゃぶ用肉──50g

大根──50g

貝割れ菜──適量

梅干し──1個

めんつゆ（ストレート）──適量

酒──大さじ1

下準備

・大根はせん切りに、貝割れ菜は長さを3等分に切る。

・梅干しは種を取り除いて叩く。

・めんつゆは密閉容器に入れる。

作り方

1 鍋に湯を沸かし、そば、大根を入れて30秒ほどさっとゆで、ざるにあげて冷水でしっかりとしめる。

2 1の湯に酒を加え、豚肉を入れて色が変わるまでゆで、ざるにあげる。

3 お弁当箱に1を一口分ずつ丸めて詰め、2、梅干し、貝割れ菜をのせる。めんつゆをかけていただく。

そばとにんにくの香りが◎

えびとズッキーニのそばペペロン

ピリ辛味	⏱8分	373kcal

材料（1人分）

ゆでそば──1玉

むきえび──100g

ズッキーニ──1/3本

A｜にんにく（みじん切り）──1かけ分
｜赤唐辛子（小口切り）──1/2本分

B｜めんつゆ（3倍濃縮）──大さじ1
｜塩・こしょう──各少々

オリーブ油──大さじ1/2

下準備

・むきえびは片栗粉（分量外）をまぶして流水で揉み洗いし、水けを拭き取る。

・ズッキーニは2〜3mm幅の半月切りにする。

作り方

1 フライパンに油、Aを入れて弱火で炒める。香りが出たら中火にし、むきえび、ズッキーニを入れてしんなりするまで炒める。

2 ゆでそばを加えて炒め、Bを加えてさっとからめる。

サルサダレは食べるときにかけて！
サルサそうめん

トマト味	⏱10分	539kcal

材料（1人分）

そうめん——100g
ツナ缶（水煮）——1缶（70g）
トマト——1/2個
ピーマン——1/2個
玉ねぎ（みじん切り）
　　——大さじ1

A めんつゆ（3倍濃縮）
　　——大さじ1と1/2
　　レモン汁・オリーブ油
　　——各大さじ1
　　タバスコ——少々

下準備

・ツナは汁けをきる。
・トマトは1cm角に切り、ピーマンは粗みじん切りにする。

作り方

1　そうめんはたっぷりの湯で袋の表示通りにゆで、ざるにあげて冷水でしっかり揉み洗いする。

2　ボウルにツナ、トマト、ピーマン、玉ねぎ、**A**を入れて混ぜ、密閉容器に入れる。

3　お弁当箱に1を一口分ずつ丸めて盛りつける。2をかけていただく。

一口サイズで詰めると食べやすい！
肉みそそうめん

みそ味	⏱10分	666kcal

材料（1人分）

そうめん——100g
豚ひき肉——100g
しいたけ——2個

A 水——1/4カップ
　　オイスターソース
　　——小さじ2
　　酒・みそ——各小さじ1
　　砂糖——小さじ1/2

B 長ねぎ（みじん切り）
　　——5cm分
　　しょうが（みじん切り）
　　——1/2かけ分
水溶き片栗粉——片栗粉
　小さじ1/4＋水小さじ1/2
青じそ——6枚
ごま油——小さじ2

下準備

・しいたけは粗みじん切りにする。
・Aは混ぜ合わせる。

作り方

1　フライパンに半量の油を中火で熱し、**B**を入れて炒め、香りが出たらひき肉を入れて色が変わるまで炒める。

2　しいたけを加えてしんなりするまで炒め、**A**を加えてさっと煮る。水溶き片栗粉を加えてとろみをつける。

3　そうめんはたっぷりの湯で袋の表示通りにゆで、ざるにあげる。冷水で揉み洗いし、残りの油をまぶす。

4　3を一口分ずつ丸め、青じそを仕切りにしてお弁当箱に盛りつけ、2をのせる。

ごはん、パン、めんレシピ

181

食材は大きさを揃えて切って
ミネストローネ

ブロッコリーとパプリカの甘みを感じる
鶏肉とブロッコリー、パプリカのカレースープ

トマト味	⏱10分	135kcal
		（保温時間は除く）

材料（1人分）

鶏むね肉——1/6枚（50g）
玉ねぎ——1/8個
ズッキーニ——1/5本
パプリカ（黄）——1/8個

A 水——3/4カップ
カットトマト缶——50g
洋風スープの素——小さじ1/2
塩——小さじ1/8
こしょう——少々
オリーブ油——小さじ1

下準備

・鶏むね肉は1cm角に切る。

・玉ねぎ、パプリカは1cm角に切る。ズッキーニは1cm幅のいちょう切りにする。

・スープジャーは熱湯を入れて5分ほどあたためておく。

作り方

1 鍋に油を中火で熱し、鶏肉を入れて火が通るまで炒める。玉ねぎ、パプリカ、ズッキーニを加えて油が回るまで炒め、Aを加えて沸騰させる。

2 スープジャーの湯を捨て、1を入れる。蓋をして2時間以上保温する。

カレー味	⏱10分	162kcal
		（保温時間は除く）

材料（1人分）

鶏もも肉——1/6枚（50g）
ブロッコリー——30g
しめじ——30g
パプリカ（赤）——1/8個

A 水——1カップ
洋風スープの素・カレー粉——各小さじ1/2
塩——小さじ1/8
こしょう——少々
サラダ油——小さじ1

下準備

・鶏肉は小さめの一口大に切る。

・ブロッコリー、しめじは小房に分ける。パプリカは1cm幅の細切りにし、長さを半分に切る。

・スープジャーは熱湯を入れて5分ほどあたためておく。

作り方

1 鍋に油を中火で熱し、鶏肉を入れて火が通るまで焼く。A、ブロッコリー、しめじ、パプリカを加えて沸騰させる。

2 スープジャーの湯を捨て、1を入れる。蓋をして2時間以上保温する。

※スープジャーは容量400mlのものを使用しています。

具だくさんで食べ応え抜群！

鶏団子とさつまいも、カリフラワーのミルクスープ

野菜がゴロゴロ入ってボリューミー！

ポトフ

ごはん、パン、めんレシピ

ミルク味	⏱10分	345kcal
	(保温時間は除く)	

材料（1人分）

鶏ひき肉——100g　　カリフラワー——60g

A 片栗粉——小さじ1　　**B** 水・牛乳——各1/2カップ
　　酒——小さじ1/2　　　　洋風スープの素——小さじ1/2
　　塩——小さじ1/8　　　　塩——小さじ1/8
　　こしょう——少々　　　　こしょう——少々

さつまいも——60g　　パセリ（みじん切り）——適量

下準備

・ボウルにひき肉、**A**を入れてよく練り混ぜ、5等分にして丸めて肉団子を作る。

・さつまいもは1cm幅の半月切りにし、さっと水にさらして水けをきる。カリフラワーは小房に分ける。

・スープジャーは熱湯を入れて5分ほどあたためておく。

作り方

1 鍋に**B**を入れて中火で熱し、沸騰したら肉団子を加える。再び沸騰したら蓋をして弱火にし、3分ほど煮る。さつまいも、カリフラワーを加え、沸騰させる。

2 スープジャーの湯を捨て、1を入れてパセリをふる。蓋をして2時間以上保温する。

コンソメ味	⏱10分	215kcal
	(保温時間は除く)	

材料（1人分）

ウインナー——2本　　**A** 水——1カップ
かぶ——1/2個　　　　　洋風スープの素
にんじん——20g　　　　　——小さじ1/2
じゃがいも——1/2個　　　塩——小さじ1/8
　　　　　　　　　　　　こしょう——少々

下準備

・ウインナーは斜め半分に切る。

・かぶは茎を2〜3cmほど残して4等分のくし形切りにし、にんじんは乱切りにする。じゃがいもは一口大に切り、さっと水にさらして水けをきる。

・スープジャーは熱湯を入れて5分ほどあたためておく。

作り方

1 鍋に**A**を入れて中火で熱し、沸騰したらウインナー、かぶ、にんじん、じゃがいもを入れ、再び沸騰させる。

2 スープジャーの湯を捨て、1を入れる。蓋をして2時間以上保温する。

スープジャー

豚汁

しょうがで心も体もあたたまる

みそ味	⏱10分	407kcal
		（保温時間は除く）

材料（1人分）

豚バラ薄切り肉——80g
大根——50g
にんじん——20g
ごぼう——20g
しょうが（せん切り）——1/2かけ分
だし汁——1カップ
みそ——小さじ2
サラダ油——小さじ1

下準備

・豚肉は一口大に切る。
・大根、にんじんは5mm幅のいちょう切りにする。ごぼうはささがきにする。
・スープジャーは熱湯を入れて5分ほどあたためておく。

作り方

1 鍋に油を中火で熱し、豚肉を入れて色が変わるまで炒める。

2 大根、にんじん、ごぼう、しょうがを入れてさっと炒め、だし汁を加える。沸騰したらみそを加え、ひと煮立ちさせる。

3 スープジャーの湯を捨て、2を入れる。蓋をして2時間以上保温する。

しらたきで満足感アップ！

豚肉とキャベツの
しらたき担々スープ

ピリ辛味	⏱10分	272kcal
		（保温時間は除く）

材料（1人分）

豚こま切れ肉——80g
キャベツ——1枚（50g）
しらたき——50g

A にんにく（みじん切り）・しょうが（みじん切り）——各1/2かけ分
　豆板醤——小さじ1/8

B 水——1カップ
　白すりごま・酒・みそ——各大さじ1/2
　しょうゆ・鶏がらスープの素——各小さじ1/2

ごま油——小さじ1

下準備

・豚肉は一口大に切る。
・キャベツは3cm四方に切る。
・しらたきは1分ほど下ゆでし、食べやすい長さに切る。
・スープジャーは熱湯を入れて5分ほどあたためておく。

作り方

1 鍋に油、Aを入れて弱火にかけ、香りが出たら中火にし、豚肉を入れて色が変わるまで炒める。Bを加えて沸騰させ、キャベツ、しらたきを加えて沸騰させる。

2 スープジャーの湯を捨て、2を入れる。蓋をして2時間以上保温する。

※スープジャーは容量400mlのものを使用しています。

かきたまがとろりとおいしい

ひき肉とわかめの
かきたまスープ

しょうゆ味	⏱10分	268kcal

（保温時間は除く）

材料（1人分）

豚ひき肉——60g

わかめ（乾燥）
　——小さじ1

卵——1個

長ねぎ（5mm幅の斜め切り）
　——1/3本分

A｜水——2カップ
　｜しょうゆ・鶏がらスープの素
　　——各小さじ1/2
　｜塩・こしょう——各少々

水溶き片栗粉
　片栗粉小さじ1/4＋
　水小さじ1/2

ごま油——小さじ1

下準備

・卵は溶きほぐす。

・スープジャーは熱湯を入れて5分ほどあたためておく。

作り方

1　鍋に油を中火で熱し、ひき肉を入れて色が変わるまで炒める。長ねぎを加えてさっと炒め、Aを加えて沸騰させる。

2　わかめを加え、水溶き片栗粉でとろみをつける。溶き卵を流し入れ、ふんわり固まったら火を止める。

3　スープジャーの湯を捨て、2を入れる。蓋をして2時間以上保温する。

エスニック風のあったかスープ！

えびとれんこん、小松菜
のナンプラースープ

ナンプラー味	⏱10分	114kcal

（保温時間は除く）

材料（1人分）

えび——50g

れんこん——30g

小松菜——1/4袋

A｜水——1カップ
　｜ナンプラー・酒——各大さじ1/2
　｜こしょう——少々

サラダ油——小さじ1

下準備

・えびは片栗粉（分量外）をまぶして流水で揉み洗いし、水けを拭き取る。

・れんこんは5mm幅のいちょう切りに、小松菜は4cm長さに切る。

・スープジャーは熱湯を入れて5分ほどあたためておく。

作り方

1　鍋に油を中火で熱し、えびを入れて火が通るまで炒める。れんこん、小松菜を炒め、Aを加えて沸騰させる。

2　スープジャーの湯を捨て、1を入れる。蓋をして2時間以上保温する。

ごはん、パン、めんレシピ

朝、昼、夕の 3食だけでは足りない エネルギーと栄養素を 補う大切な食事です

成長期にはすぐにお腹が空き、もっと食べたくなります。その際に小腹を満たすために、スナック菓子や菓子パンではなく、補食をとらせてあげましょう。補食に必要な栄養素は糖質などの炭水化物とたんぱく質。さらに成長期に必要なカルシウムや鉄分がとれれば大成功です。お箸を使わず、手で食べられる手軽なものがおすすめです。

運動や部活をがんばる中高生の補食のこと

中高生になると、部活の前に食べる「間食=補食」が必要です。
間食はおやつではなく、食事ではとりきれない栄養素を
補う食事と捉えましょう。

運動前後に適切な補食を 取り入れましょう

必要な栄養素は運動の前後で違います。運動前には消化がよく、すぐエネルギーになるおにぎり、バナナ、カステラなどの糖質中心の補食を。体力面だけでなく、集中力の低下も防ぎます。運動後にはエネルギーを使い、筋肉も疲労しているので、すばやく糖質をとり、筋肉の修復のためのたんぱく質を補います。飲むヨーグルトやチーズなどが手軽です。

おすすめ補食

おにぎり

おにぎらず

サンドイッチ

肉まん・あんまん

あんぱん

バナナ

カステラ

オレンジジュース

牛乳

ヨーグルト・チーズ

1 冷たいめんつゆや アツアツの ラーメンスープ入れに

時間がたつと伸びてしまうめん類は、スープと別々にすればおいしく食べられます。夏はめんつゆを保冷し、冬は汁を保温して季節に合わせて使い分けます。ゆでためんに油を少量からめておくと、食べやすくなります。

2 煮込み料理やあんかけ などアツアツの おかずを入れる

おかずは前日に仕込んでおけば、朝はアツアツにあたためてスープジャーに詰めるだけで完成です。カレーや八宝菜などのメニューは、ごはんにかけて食べられるように、少し大きめのお弁当箱にごはんを用意しましょう。

もっと便利に！ スープジャーの活用術

スープジャーは汁物を持ち運べるだけではありません。保温や保冷機能を使えば、お弁当には不向きと思われがちなとろみのあるおかずやめん類だっておいしく食べられます。

3 おかゆや リゾット作りも 保温調理でできる！

白米大さじ3と熱湯300mlを入れてよく混ぜ、蓋をして2～3時間おいて完成。ごはんはふっくらやわらかに。風邪をひいたときなど、1人分から作れるのもうれしい。リゾットならスープだけより腹持ちもいいので満足感がアップします。

4 温泉卵作りにも 活用できる

スープジャーは約6時間、60度以上で保温することができるので、温泉卵を手軽に作ることができます。スープジャーに卵を入れ、熱湯をたっぷり注いで蓋をします。15分おき、氷水に卵を入れて2～3分待てば完成です。

味つけ別（五十音順）さくいん

新谷友里江（にいやゆりえ）

管理栄養士、料理家、フードコーディネーター。祐成陽子クッキングアートセミナー卒業後、同校講師、料理家・祐成二葉氏のアシスタントを経て独立。料理雑誌をはじめ、書籍・広告などで、料理・お菓子のレシピ開発やフードスタイリング、メニュー提案などを行っている。おうちごはんを中心に、簡単に作れてヘルシーなレシピに定評がある。著書に『材料を袋に入れるだけで、定番の冷凍食品がおうちでできた！』（学研プラス）、『即やせ！オートミール神レシピ』（ナツメ社）、『献立もラクラク 炊飯器におまかせおかず』（主婦の友社）などがある。

撮影	吉田篤史
スタイリング	ダンノマリコ
本文デザイン	高見朋子（文京図案室）
カバーデザイン	三木俊一（文京図案室）
調理アシスタント	木村薫＋瀧原櫻
編集協力	丸山みき（SORA企画）
編集アシスタント	岩間杏＋秋武絵美子（SORA企画）
校正	ぷれす
撮影協力	UTUWA

10分でおいしく作る！
朝ラク弁当

著　者　新谷友里江
発行者　池田士文
印刷所　三共グラフィック株式会社
製本所　三共グラフィック株式会社
発行所　株式会社池田書店
　　　　〒162-0851
　　　　東京都新宿区弁天町43番地
　　　　電話03-3267-6821（代）
　　　　FAX 03-3235-6672

落丁・乱丁はお取り替えいたします。
©Niiya Yurie 2024,Printed in Japan
ISBN978-4-262-13090-3

[本書内容に関するお問い合わせ]
書名、該当ページを明記の上、郵送、FAX、または当社ホームページお問い合わせフォームからお送りください。なお回答にはお時間がかかる場合がございます。電話によるお問い合わせはお受けしておりません。また本書内容以外のご質問などにもお答えできませんので、あらかじめご了承ください。本書のご感想についても、当社HPフォームよりお寄せください。
[お問い合わせ・ご感想フォーム]
当社ホームページから
https://www.ikedashoten.co.jp/

24012005